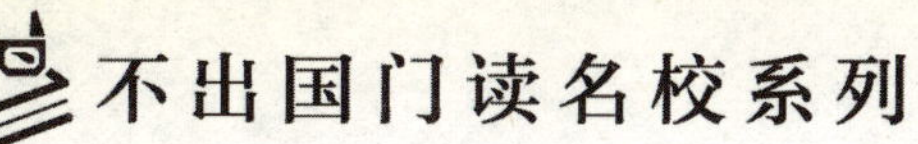

哈佛大学

超具人气的理财课

韩布伟◎著

HARVARD UNIVERSITY

中国铁道出版社
CHINA RAILWAY PUBLISHING HOUSE

内容简介

哈佛大学是美国培养亿万富翁最多的大学，其独特的教学理念、学习风格以及理财观念给哈佛毕业的学子们留下了深刻的印象，并且帮助他们成功。本书是一本与哈佛教学理论相结合的实用的理财投资书，有助于读者了解理财投资，掌握实用的理财投资技巧，并引导读者树立正确的理财投资观，读者得到的不仅是财富，还会有一份人生的从容与平静。

图书在版编目（CIP）数据

哈佛大学超具人气的理财课 / 韩布伟著．—北京：中国铁道出版社，2016.6

（不出国门读名校系列）

ISBN 978-7-113-21767-9

Ⅰ．①哈… Ⅱ．①韩… Ⅲ．①私人投资－青年读物 Ⅳ．①F830.59-49

中国版本图书馆CIP数据核字（2016）第100099号

书　　名：哈佛大学超具人气的理财课
作　　者：韩布伟　著

责任编辑：吕　芰
策划编辑：吕　芰　　**读者热线电话：**010-63560056
责任印制：赵星辰　　**封面设计：**MXK DESIGN STUDIO

出版发行：中国铁道出版社（北京市西城区右安门西街8号　邮政编码：100054）
印　　刷：北京鑫正大印刷有限公司
版　　次：2016年6月第1版　　2016年6月第1次印刷
开　　本：700mm×1 000mm　1/16　**印张：**13.25　**字数：**203千
书　　号：ISBN 978-7-113-21767-9
定　　价：39.80元

前言

坐落于美国马萨诸塞州的哈佛大学（Harvard University）是美国最早的私立大学以及著名的常春藤盟校成员。哈佛大学培养了8位美国总统，上百位诺贝尔奖获得者，在文学、医学、法学、商学等诸多领域拥有崇高的学术地位及广泛的影响力，被公认为是世界顶尖的高等教育机构之一。

哈佛大学诞生于1636年，有着悠久的历史，最早由马萨诸塞州殖民地立法机关创建。为了纪念学校成立初期给予学院慷慨支持的约翰•哈佛（John Harvard）牧师，学校被命名为“新市民学院”。1639年3月，新市民学院更名为哈佛学院。1780年，哈佛学院正式改称哈佛大学。

哈佛大学被外界称为“亿万富翁的孵化器”，在《福布斯》杂志评出的培养亿万富翁人数最多的美国14所大学排行榜中，哈佛大学以拥有62名亿万富翁校友而位列第一。这些亿万富翁包括微软创始人比尔•盖茨（Bill Gates）、对冲基金大亨肯尼斯•格里芬（Kenneth C.Griffin）、石油大王约翰•洛克菲勒（John D.Rockefeller）等。

当然，从哈佛大学毕业的人不一定会成为亿万富翁，但是很显然，哈佛大学会为你成为亿万富翁提供助力。美国媒体报道，全球有52位健在的具有哈佛大学学位的富豪。报道称，“在世界范围内，只有20%的富豪是通过继承获得财富的。另外20%的富豪则是利用继承的一小笔财富赚得一大笔财富，如唐纳德•特朗普（DonaldTrump）。有60%的富豪都是白手起家，比如比尔•盖茨、沃伦•巴菲特（Warren Buffett）等。

哈佛商学院就像哈佛这顶王冠上一颗耀眼的明珠。洛克菲勒家族成员、1969—1981年任大通银行董事长的大卫•洛克菲勒（David Rockefeller）、彭博社创始人、前纽约市长迈克尔•彭博（Michael Bloomberg）都毕业于哈佛商学院。

哈佛大学超具人气的理财课

据说，哈佛商学院的第一堂经济学课会教给学生两个概念：第一，花钱有投资行为与消费行为之分；第二，每月工资必须先储蓄30%，剩下的再进行消费。哈佛商学院的教授是这样阐述理财实质的："理财是为了实现个人的人生目标和理想而制订、安排、实施和管理的各方面总体协调的财务计划的过程，是一个漫长的过程。"富人的钱多，需要理财，而穷人为了实现人生理想，更需要理财。

首先，理财具有调节收支平衡的作用。日常生活中，人们经常因为由于缺少相应的理财计划而增添了很多个人烦恼。例如，没有记账习惯的人往往没有意识到钱究竟花在了什么地方，过度地消费行为与投资行为失衡便容易导致各种收支问题。比如，"月光族"就是指那些因没有制订合理的理财计划，导致每月入不敷出的群体。

其次，理财可以帮助人们缓解生活压力，减轻生活负担。没有人是一帆风顺的，偶尔有紧急情况发生的时候，人们就会急需用钱。有些人从来都不做理财计划，每个月都处于过度消费的情况下，生活备用金也几乎没有。当有紧急情况发生，急需用钱时，就会为了筹钱而心力交瘁。理财的意义，并不只是钱生钱，还可以避免有钱时为了行乐而一举花光。通过理财，我们会知道如何进行收益最大化的资产配置，迎刃有余地解决生活中用钱的窘境。

再次，理财可以帮助财富增值。理财包括投资，如果找到适合自己的理财产品，就可以通过固定收益获得一笔额外收入，推动我们追求财富的梦想。当前的理财产品五花八门，如何选择理财产品需要结合自身的需求。比如，股票具有投资风险大、收益高的特点，适合心理强大的投资者；互联网金融P2P网贷具有收益高、风险可控、低门槛的特点，适合稳重、头脑精明的投资者。

最后，理财可以防范风险。很多投资者都会因为盲目跟风投资犯下重大错误，看见他人获利就跟进投资，梦想一夜暴富。然而，很多人因此栽了跟头，损失重大。所以，理财的正确顺序应该是"先有理财，后有投资"。如此可知，理财是投资者的"风险防火墙"。投资者需先制订合理的理财计划，再进行投资。比如，在投资高风险项目时，用低风险项目作为打底，降低投资风险。

理财既是一种生活方式，也是一种社会实践。不管贫穷还是富贵，理财可以让每一元钱发挥它应有的价值。读者看完本书后，对自身的理财观以及理财方法也许会有新的感悟。

作　者

2016年4月

目 录 CONTENTS

《哈佛大学超具人气的理财课》/ 1

前言 / 2

上篇 寻找理财的根源

第一课 “财”是价格还是价值 / 2

一、“财”的时间价值及误区 / 5

（一）复利：巴菲特投资年增长率仅为 24% / 9

（二）100 万美元闲置一年，就等于被“盗”10 万美元 / 12

（三）价值判断的唯一标准是标准普尔 500 指数 / 17

（四）理财的最高境界不是投资而是投“机” / 22

二、“财”不仅仅是货币 / 26
（一）观念上的货币 / 27
（二）现实的货币 / 29
（三）谁偷走了你的美元 / 32

第二课　“财”矢量的合成 / 35

一、理财中的经济学杠杆 / 37
二、价值投资 / 43
三、理财误区：理财产品种类太多 / 46
四、理财误区：反向操作 / 50

中篇　财商思考

第三课　理财战略：钱生钱的几何思考 / 56

一、几何算法 / 58
二、建立你的储蓄基金 / 63
三、建立帝国的秘密 / 67
四、平台思维 / 70

第四课　市场走势：供给与需求曲线 / 73

一、均衡点：供给曲线与需求曲线的相交点 / 75
二、谁在控制市场变化曲线 / 79
三、苹果产品的供给策略 / 83
四、巴菲特为何很少投资失手 / 88

第五课　财务知识：数字的秘密 / 92

一、如何看懂财务报表 / 94
二、不可不知的财报数据秘密 / 101
三、以数字的视角看雷曼兄弟破产 / 104
四、普华永道教你如何规避财务陷阱 / 109

下篇　听理财大师讲如何打理你的财富

第六课　听沃伦·巴菲特讲投资风险 / 116

一、考虑最坏的情况 / 119
二、只做看准的交易 / 124
三、阅读财务报表 / 128
四、发现顶部 / 132
五、识别底部 / 136

第七课　听乔治·索罗斯讲市场趋势及人类缺陷 / 141

一、什么是反身性 / 144
二、反身性理论模型 / 148
三、突破扭曲的观念 / 153
四、羊群效应 / 157
五、无效的市场 / 162

第八课　听吉姆·罗杰斯讲投资时机 / 168

一、市场永远是错的 / 171
二、了解自己在干什么 / 174
三、绝不赔钱 / 178
四、耐心等待 / 183

第九课　听彼得·林奇讲投资方向 / 187

一、不熟不做 / 190
二、寻找沙漠之花 / 194
三、利空寻宝 / 197
四、跟着嘴投资 / 200

上　篇
寻找理财的根源

第一课

“财”是价格还是价值

当前，P2P理财方式非常火爆。可以说，如果你没有听过P2P你就落伍了。P2P理财产品的综合收益大多在12%以上，银行利率难以望其项背。然而随着e租宝平台的倒下，人们对这种理财方式开始有了畏惧之心。事实上，P2P的诞生没有错，而且这种理财方式可以让资金更有价值。

2015年年底，国家监管层面开始关注P2P监管制度，向社会公开征求意见。随着相关监管细则的出台，P2P理财产品“无门槛、无标准、无监管”的状态将会结束，从而向理性、平稳、规范化健康发展。未来P2P不仅具有高收益的优势，其经营会更加务实，全民理财时代很快将会来临。

理财（Financial management）是指通过财务管理从而让财产保值并增值。理财的种类有很多，分为公司理财、机构理财、个人和家庭理财等。人们的生存活动是以物质为基础的，与理财息息相关。从某种意义上来说，在理财中，“财”是一种价值。

理财的目的是挖掘财的时间价值，随着时间变化，使得资金在生产和流通过程中产生增值。资金本身是不会随时间变化而发生变化的，而理财则可以使得资金产生收益，所以财的时间价值一般用投资收益率来表示。一个理性、有思维能力的个体不会把资金闲置不用，而是通过理财投资将资金的时间价值最大化。在理财过程中，资金随着时间的变化而变化，是时间变量的函数。资金发生变化的那部分价值就是最初资金的时间价值。

资金的时间价值与通货膨胀不同，只有与劳动结合在一起才有意义。资金之所以会产生时间价值，主要有以下三个原因：

首先，货币的时间价值体现了资源稀缺性。现存的社会资源构成了社会财富，而经济和社会的发展主要依赖于社会财富。现在的社会资源可以创造出未来的物质和文化产品，未来的物质和文化产品又构成了将来的社会财富。众所周知，社会资源的显著特征就是稀缺性，基于这种特征可以创造出更多的社会产品，因此当前资源的效用要高于未来资源的效用。

在货币经济的前提下，货币是产品价值的直接体现。支配现在的产品的只能是现在的货币，而将来的货币只用于支配将来的产品，从这种角度来说，与未来的货币价值相比，现在的货币价值更高。市场利息率是衡量货币时间价值的标准，也是对平均经济增长和社会资源稀缺性的反映。

其次，在信用货币制度下，时间价值是流通中货币的固有特征。中央银行基础货币和商业银行体系派生存款共同构成了流通中的货币。受信用货币持续增加的大趋势影响，货币贬值、通货膨胀变得越来越普遍，致使现有货币的价值总是高于未来货币的价值。市场利息率可以很好地反映出可贷资金状况和通货膨胀水平，也将货币价值随着时间的推移而不断降低的程度表现出来。

最后，货币的时间价值可以反映出人们的认知心理。由于人们在认知方面的局限性，人们往往对现在的事物具有较高的感知能力，而对未来事物的感知能力很弱。这造成一个结果，就是人们总是更加重视现在而忽视未来。人们可以确定的是现在的货币能够满足当前自己的现实需要，而未来货币只能满足自己未来对产品的不确定需要。因此，现在货币的单位货币价值比未来单位货币的价值高。利息率的出现是为了让人们放弃现在货币以及现在货币的价值而付出的代价。

投资理财应当对资金的时间价值给予充分的重视。上海的王先生工作月收入为 5 000 元，他每个月都把工资花在日常开销上。王先生认为，现在进行投资还为时过早，自己的当前收入并不高，应当等到有高收益的理财产品再做计划。

王先生没有考虑货币的时间价值，其投资观点有失偏颇。事实上，如果王先生认识到资金的时间价值，从 24 岁参加工作便开始每月投资 1 000 元基金，假设基金收益率为 5%，等到王先生 60 岁退休时就可以得到 120 万元的投资收入；如果王先生在 30 岁才开始每月投资 1 000 元基金，同样假设为 5% 的收益率，等到王先生 60 岁退休时则可以得到 83.7 万元的投资收益。晚投资 6 年，收益却几乎相差 40 万元。

货币的时间价值是巨大的，千万不要认为资金不足而放弃投资。所有的财富都不是凭空而生的，一定是积少成多、通过“钱滚钱”而逐渐累积。投资者应当尽早制订平稳的投资理财计划，这样才能逐步实现聚财的目标，为人生打下安定、有保障、高品质的基础。

资金时间价值的经济学概念，与机会成本有异曲同工之处。在社会平均利润率一定的情况下，资金时间价值与计息期数成正方向相关，资金的时间价值随计息期数的增加而增大。资金的时间价值大小是由资金周转的快慢和每次资金循环时间的长短决定的。

不管是企业还是个人，想要科学合理地使用资金必须充分了解资金的时间价值理论。任何资金只有通过投资理财活动才有可能实现其时间价值，而闲置资金，不论是流动资金还是固定资金都无法创造时间价值。而且随着时间的推移，原有资金的价值会逐渐减少。

一、“财”的时间价值及误区

大家都无法想象，如果有一天自己突然收到一张事先不知道的 1 250 亿美元的巨额账单之后的状况。这件事就发生在瑞士田西纳镇的居民身上。事情源于 1966 年的一笔存款。当时，斯蒂林·格兰威尔·黑根不动产公司在内部交换银行存入 6 亿美元的维也纳石油与矿藏选择权。存款协议要求银行按每周 1% 的利率付款，但是银行于第二年破产。

1994 年 10 月，纽约布鲁克林法院做出判决：“从存款日到田西纳镇对银行清算之间的 7 年中，田西纳镇以每周 1% 的复利计息，而在银行清算后的 21 年中，按 8.54% 的年利率计息。田西纳镇的居民收到有关内部交换银行的诉讼，却被账单给惊呆了。为了偿还债务，所有田西纳镇的居民都不得不在余生依靠吃麦当劳等廉价快餐度日。

在田西纳镇的案例中，资金的时间价值显现无疑。如今，国有企业一般都具有较高的资产负债率，有的甚至达到 80% 以上。在高负债经营的情况下，企业参与市场竞争的价格应当以正确认识资金的时间价值为前提。国有企业运营过程中对资金的时间价值的忽视主要表现在以下两个方面：

一是资金的取得。如今的大多数企业都认识到了可支配资金的重要性，开始实行应收账款回笼的奖励制度。然而，企业往往忽视了资金的时间价值，而只是简单地将货款回笼的绝对数作为计算依据。比如，企业有一笔 1 000 万元的货款，大多数企业管理者不在乎年内收到还是一年后收到，认为一年之差没什么区别，企业不会有任何损失。

事实上，对于企业来说，这两种情况有着巨大的差别，晚一年到账将会让企业损失 58.5 万元的资金利息，如果银行 1 年期贷款利率为 5.85% 的话。再考虑到资金的机会成本，企业的损失就更多了。

二是资金的使用。随着产品价格的不断降低，绝大多数企业为了降低风险都开始将风险转嫁给作为供应商的上游企业。企业采购部门为了达到降本增效的目的，常常因此牺牲了资金的时间价值，即将价格压低 2% ～ 4%，但却需要款到发货。与以前 3 ～ 6 个月的信用条件相比，采购成本可能没有减少反而有所增加。

而且随着买方的自我保护意识不断提高，在合同履行中买方总是要求卖方开具预付款保函、履约保函和质量保证函。对于制造企业来说，这也是一笔很大的资金占用支出，企业需付出十分可观的资金利息。一些企业的毛利率本来就非常低，这使得企业经营更加困难。企业在产品报价接订单时常常忽视了这些隐性的资金成本，抹杀了一部分企业参与市场竞争的意义。因为，这些隐性的资金成本造成了企业财富的流出，无法达到使企业财富最大化的目的。

关于理财，很多人存在认识方面的误区，中国农业银行广州“金钥匙”理财中心的理财师蒋彬对此进行了总结，将人们对理财认识方面的误区总结为以下 5 种，如图 1-1 所示。

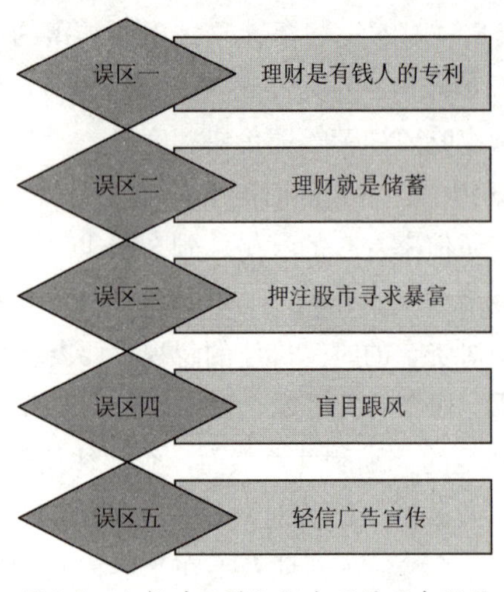

图 1-1　人们对理财认识方面的五个误区

1. 理财是有钱人的专利

很多普通人都有这样的错误认识，觉得理财是有钱人的专利，普通人收入低，没有什么资金可以打理。然而，大多数专业理财师都认为不管收入高低，都要讲究投资理财，只要合理规划，再少的钱财都可以通过钱生钱，利滚利而变得可观。

重庆的刘培良夫妇都是工薪阶层，还没有小孩，家庭收入在每月6 000元左右。除去每个月3 000元的供楼款和生活费，剩下的钱还不到1 000元。刘培良常常将剩下的钱直接放在工资账户中，认为自己无“财”可理。

即使是刘培良这样的工薪阶层，也是有理财需求的，并且完全可以自己理财。刘培良夫妇将存款全部放在活期的工资账户中，利率非常低。他们完全可以将存款分成定期和活期两种，将家庭存款分为多笔存入定期，比如，将10 000元分为4 000元、3 000元、2 000元和1 000元四笔存入。

如此一来，当他们急需用钱时就可以提前支取其中的一笔或几笔，而其他几笔定期则依然为定期，仍能到期按照定期利率支取。如果将10 000元存为一笔，那么只能提前支取一次，一旦支取第二次则全部只能按照活期利率支取，造成重大利息损失。

2. 理财就是储蓄

赵明夫妇与父母同住，没有住房负担。赵明每个月都会将自己的收入全部存入银行，而将妻子的收入作为家庭开销。因此，赵明每个月6 000元的收入全部存入了银行。

对于赵明来说，其理财渠道单一，所有的钱都放在银行使得家庭财产失去了增值的机会。理财不等于储蓄，本着利益最大化的原则，赵明应当将银行储蓄转为其他投资回报率高的金融产品。比如，赵明可以将活期改为购买货币型基金，长期不动的资金可以由定期变为购买三年期或五年期凭证式国债。

3. 押注股市寻求暴富

张峰热衷于投资，平时经常在股市里转。2015年年初，张峰在股市投入约10万元资金，截至2016年年初已经缩水到8万元左右。除此之外，张峰还有约8万元的资金购买了三年期国债。

在投资过程中，投资者必须注意平衡协调流动性、安全性与收益性三者的关系。只要通过合理的投资组合，就能使得流动性、安全性与收益性达到最优化。投资者应当为家庭准备一定的紧急预备金，数额为家庭 6 个月的支出水平。紧急预备金应当有较强的流动性，可选用货币型基金或银行存款等方式。

股市投资具有风险高、收益高的显著特点，但是当前股市处于低谷震荡期，非专业出身的张峰应当逐步退出股市。张峰可以请专业人员帮忙挑选几只股票型或偏股型基金进行投资。对于张峰来说，将投资变得多元化是其当前主要任务。资金从股市里退出后，张峰仍有多种投资选择。

4. 盲目跟风

在深圳工作的李媛月收入近万元，准备买一台约 3 万元的笔记本电脑。李媛通过朋友了解到电脑也可以分期付款，有超前消费观念的李媛因此办理了分期付款手续。其实，李媛的存款足以一次性支付购买电脑，结果她因为分期付款交了贷款利息，而李媛的存款却是活期利率，因此白白损失了利率差。同时，李媛还经常使用信用卡消费，但常常忘记及时补入透支金额，这就导致李媛在收到银行的催款通知书后才补存，从而经常性地损失透支利息。

分期付款的消费支付方式是为了那些不具有一次性购买能力的消费者准备的。如果消费者的收入较高，分期付款购买一些家电、IT 产品，是一种超级不划算的行为。因为当前市场上根本没有收益率能达到消费贷款利率的投资品种。

就像缴保险费一样，按月缴的费用就可能高于按年缴的费用，如果差价高于存款利息，那么一次性付清年费才是一种明智的选择。至于李媛习惯使用信用卡消费的行为，应当经常性查询卡内余额，及时还入透支金额，避免利息损失。

5. 轻信广告宣传

50 多岁的陈老太太本来想购买凭证式国债，但是因看到某理财投资宣传单上显示，购买某基金的月收益约有 4%，因此立即将准备购买国债的 6 万元全部购买了该基金。

投资者应当考虑到自身状况，然后寻找适合自己的产品进行投资。股票型和偏股型基金的风险都比较高，并不适合老年人投资。老年人的投资理财理念应当是"本金安全，适当收益"。另外，各大银行推出的人民币理财产品以收益率高作为宣传点，考虑到其无法提前终止，只能到期取钱，而老年人经常发生突发性的大额支出，因此也不能把全部资金投入。

对于老年人来说，国债、定期存款和货币型基金都是非常好的选择。因此，不同年龄阶段的投资者在购买理财产品时，应从流动性、安全性、收益性三个方面充分考虑自身具体情况与投资产品是否相称。

（一）复利：巴菲特投资年增长率仅为 24%

2015 年 3 月 2 日，福布斯发布 2015 年全球富豪榜。沃伦·巴菲特（Warren Buffett）以 727 亿美元的财富排名在第三位，前两位分别是比尔·盖茨（Bill Gates）792 亿美元、卡洛斯·斯利姆（Carlos Slim） 771 亿美元。

那么沃伦·巴菲特这些年投资增长率是多少呢？ 1957 年巴菲特成立非约束性的巴菲特投资俱乐部，掌管的资金仅为 30 万美元，到目前拥有 727 亿美元，这意味着什么呢？沃伦·巴菲特这些年的投资增长率仅为 24%。

这就是复利的秘密。如果你用 30 万美元进行理财，年增长率是 50%，10 年之后，您拥有多少钱呢？即 1*（1+50%）的 10 次方，约为 1 700 万美元。20 年之后呢？ 10 亿美元。32 年之后呢？你将以约为 1 280 亿美元成为全球首富。沃伦·巴菲特的黄金搭档，美国投资家查理·芒格（Charles Thomas Munger）说："明白了复利的威力和想要取得它的难度状况，就是认识其他投资事项的开端。"

到过美国纽约市旅游的人都知道，该地最为昂贵的地产，就是纽约的最中心区——曼哈顿。这块地产是 1626 年白种人从印第安人那儿以仅仅价值 24 美元的玻璃珠买来的。很多今日的美国人谈起此事，都取笑当时的印第安人太傻，只会做赔本生意，这么好一块地皮竟然只以区区 24 美元就卖了。

但是美国著名基金经理彼得·林奇却不这样看，他计算过，如果当时的印第安人，把这 24 美元存在银行里，每年仅得到 8% 的利息，到了今日，连本带利，数额已经远超过曼哈顿地产的今日总价值。并且最值得惊讶的是，这个总额是曼哈顿地产总值的 1 000 倍。从复利的观点来看，这绝对是正确而且科学的！

哈佛商学院教授曾提出一个问题，靠一张白纸能到达月球吗？能！如果你能找到一张足够大的白纸，并且将其对折 44 次，其厚度就可以到达月球。所以复利的价值对理财来说，不可不知，不可不重视。1 美元，每年翻一倍，持续 30 年，最后的数字是多少？是 10 亿美元，准确的数字是 1 073 741 824 美元。

从上面的例子可以看出：复利的持续累加是相当可怕的事情，即便是基数相当小，但持续累加下去也能创造出一个惊人的结果。理财界里有句话："最重要的一个成功因素是复利！"既然复利如此好，是不是复利越高越好呢？不，复利过高，很可能就是一个陷阱。

在一个有限的世界里，高增长率必定走向自我毁灭。如果这种增长的基数小，那么在一段时间内这条定律不一定奏效。但如果基数很大，那么当事人的结局将是：高增长率最终会压扁它自己的支撑点。

美国天文学家塞根在谈及每 15 分钟分裂一次繁殖的细菌时，已经很有趣地形容了这一现象。塞根说：这意味着每小时翻四番，每天翻九十六番。尽管一颗细菌的体重仅有大约 1 克的一万亿分之一，但经过一天疯狂的繁殖后，它们的后裔将像一座大山那样重……两天之内，它们将会比太阳还重……不过，不必杞人忧天，塞根说：总有某种障碍会阻止这种指数式的增长。

证券市场的历史资料可以告诉我们，最杰出的复利增长者——沃伦·巴菲特，也只维持了 24% 的常年投资报酬率，大部分人都达不到这样的水平。千万不要梦想通过短期暴利来加速复利的增长，这是谁也无法做到的，能保证一个长期增长的较高复利就已经是相当成功的业绩。复利对我们的启示如图 1-2 所示。

一	保持长期稳定高效能充电
二	不要寄希望于长期获得高复利增长
三	不要对高成长的理财产品期望过高
四	在基数小的情况下也要从复利角度考虑问题

图 1-2　复利对我们的启示

1. 保持长期稳定高效能充电

要想成为理财的王者，不是靠一次、两次的胜利，而是靠长期稳定的复利增长。

2. 不要寄希望于长期获得高复利增长

由于市场的高效率，长期获得高报酬率的复利增长是不现实的，所以每当获得一次极高的投资收益时，首要考虑的是如何保住成果，而不是梦想着乘胜追击。

3. 不要对高成长的理财产品期望过高

一个很简单的数学依据：如果理财产品年年增长一倍，5 年后整个理财产品将成长 32 倍，10 年后将成长 1 024 倍，这显然是不现实的。所以自认为发现了好的理财产品，又没有耐心等待逢低买入的人，不用担心股票有一天会突然暴涨，而已经持有低位买入的好股票的人，既不要把短期获利目标定得过高，也不要天天盼望着自己手中的理财产品快速上涨，最后失去耐心，过早抛出。

4. 在基数小的情况下也要从复利角度考虑问题

在基数小的情况下容易产生较高的复利，但是正因为基数小，所以大部分人也不会很重视。如果不从复利角度考虑问题，将会犯下过多的错误，反而妨碍了资金的稳定增长，这还不是最糟糕的，更坏的情形是浪费了时间这一无价财富并且养成坏的习惯甚至死不悔改。

（二）100 万美元闲置一年，就等于被“盗”10 万美元

投资者的终极目标是资本增值。如果 100 万美元闲置一年，首先通货膨胀就会侵蚀资本。通货膨胀是一个全球性问题，存在银行里的钱不知不觉就贬值了。而资金闲置一年错失投资良机的机会成本大约有 10 万美元。

当下理财市场的投资方式各种各样，包括股票、基金、黄金、外汇、房产、保险等。为了使资金增值，作为一名普通投资者，应当如何进行投资呢？针对不同资金规模的家庭，我们对 10 万元、20 万元、50 万元、100 万元提出了投资建议，如图 1-3 所示。

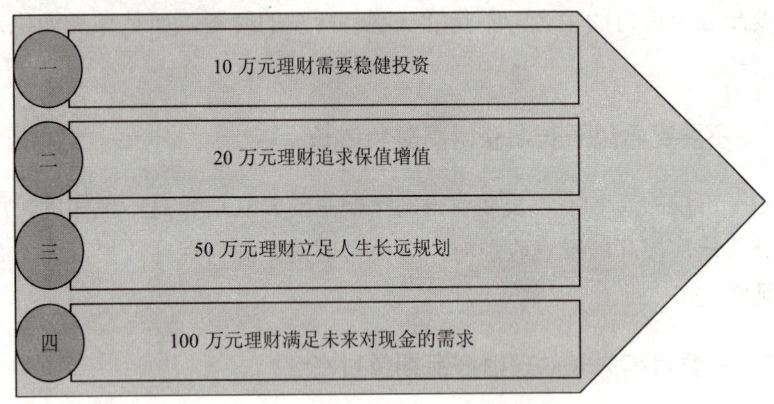

图 1-3　10 万元、20 万元、50 万元、100 万元的投资建议

1. 10 万元理财需要稳健投资

如何让 10 万元保值增值，实现未来的生活目标呢？一是保守型低风险品种。对于老年人群来说，他们对风险的承受能力较低。如果是 10 万元的理财组合，老年人应该充分考虑投资风险，而非投资收益。所以，老年人适合选择风险最低、最稳定的理财方式。期限较长的国债、债券型基金以及配置型基金，收益不是很高，但是风险较低，非常适合老年人群。

农行中西支行理财师许嘉建议：“如果老年人有 10 万元闲钱可以如此组合，预留 5 000 元作为日常紧急备用金，根据每月的节余，定期定额（如每月 500 元）选择稳健的配置型进行基金定投。余款可按比例投资国债和基金：配置型基金 30%，债券型基金 40%，国债 30%。工行理财师解鸿称：

“为了防范风险，老年人可以将10万元主要投资于定期储蓄、国债或是票据型人民币理财产品。”

二是稳健型偏股型基金定投。一般来说，三口之家的风险承受能力较高，在控制风险的前提下，投资可以选择部分低风险品种。股票型基金定投的风险与收益均相对较高，稳健型投资者可以拿出一部分资金投资股票型基金定投，再拿一部分配置基金、保险等产品。

在对10万元进行稳健理财的过程中，投资者可预留5 000元作为日常紧急备用金，根据每月的节余，定期定额（如每月500元）选择积极的配置型、指数型基金进行基金定投。剩余资金可按比例投资基金：股票型基金30%，配置型基金40%，债券型基金30%。

工行理财师解鸿称：“中年家庭稳健投资，可以用5万元购买国债或是票据型人民币理财产品，另外5万元可以购买配置型基金。”

三是激进型较高风险品种。如果一个年轻人有10万元闲置资金，由于其具有较强的投资风险承受能力，可以选择更加积极的投资方式，较多的配置一些股票型基金。在预留5 000元作为日常紧急备用金之后，年轻人可以根据每月的节余，定期定额（如每月500元）选择较为积极的股票型基金，进行基金定投。剩余资金可以优先考虑选择较高风险的投资品种：股票型基金60%，配置型基金40%。

2. 20万元理财追求保值增值

对于普通的工薪阶层来讲，20万元已经是一笔巨额资金。20万元可以支付一套房的首付，可以购买一辆不错的汽车，然而如何通过20万元投资使得“钱生钱”，让生活条件变得更好呢？

一是为养老做准备的保守型。对于老年人来说，拥有20万元资金的同时，家庭开支也逐步降低，尤其是在子女成年能够独立生活之后，未来对资金的需求也减小，而自身的收入也相对稳定，此时应当进行保守型投资。

农行理财师许嘉建议：“养老金的积累是当前阶段的首要任务，老年人理财要从稳定大局出发，在购买部分保险的基础上，全部投资于国债或者债券型基金以及货币型基金。老年人可选择投资期限较长的产品，如5

年期国债。同时，每月家庭收入盈余，可以购买风险较低的偏债型基金定投。”工行理财师解鸿称：“风险承受能力较弱的老年人，20 万元可主要用于定期储蓄、票据型人民币理财产品、债券型基金或是保本型基金。”

二是精打细算的稳健型。对于中年夫妇来说，未来子女的教育、购房等都需要较多的资金，因此这 20 万元资金需要精打细算，要更多地进行稳健型投资。中年夫妇首先要通过购买子女教育金保险或者教育储蓄，筹备子女的教育金。其次，房屋首付款可能会占用 10 万元甚至更多的存款，因此 20 万元是比较捉襟见肘的。

农行理财师许嘉建议：“拥有 20 万元的家庭可以将 10 万元投资于货币型或者债券型基金，这一部分投资变现性能较强，可应付购房或者子女教育费的支出，另外 10 万元可以投资于股票型基金。需要注意的是，还是要有对保险方面的投入，如果不够，可以从投资于股票型基金的这一部分资金中挤出，购买部分保险，保障夫妻俩的生活稳定。”

工行理财师解鸿称：“20 万元的稳健投资，可以用 50% 购买国债或是票据型人民币理财产品，30% 购买配置型基金，20% 购买股票型基金。”

三是追求财富高成长的激进型。对于年轻人来说，20 万元资金既不算多，但也不算少。年轻人的风险承受能力较强，迅速增加原始积累是当前的首要打算。

农行理财师许嘉建议：“对激进型投资者来说，20 万元投资方向可以主要为股票，如果具有一定的投资实战能力的话，甚至还可以考虑投资权证等风险较大的品种。除了少量配置保险以外，20 万元均可购买股票，如果无暇顾及或者没有能力操作股票的话，可以全部购买偏股型基金。”工行理财师解鸿称：“对于风险承受能力较强的投资者，20 万元的投资可以用 30% 购买国债或是票据型人民币理财产品，40% 购买配置型基金，30% 购买股票型基金。”

3．50 万元理财立足人生长远规划

对于大部分普通人来说，50 万元称得上是一笔巨款。拥有 50 万元资金的投资者应当如何理财，才能将这笔钱细水长流，进而过上稳定而安逸的生活呢？

一是保持稳中有升的保守型。对于老年人来说，50 万元与未来的养老息息相关。此时的老年人已经不必要再去积累更多的资产了，只需注意花销不能过度就足够了。老年人可以建立大额医疗储备金，在医疗、养老保险足够的前提下，再投资于比较稳定收益的产品，突出稳中有升的投资风格。

农行理财师许嘉建议："老年人应当如此配置 50 万元：10% 购买保险，比如，寿险，重大疾病险，还需储备一定的随时可变现资产作为医疗费用储备。40% 用于购买国债；60% 用于购买基金，其中六成的债券型或者货币型基金，四成的混合型基金。"工行理财师解鸿称："老年投资者，主要投资于定期存款、票据型人民币理财产品或是债券型基金或是保本型基金。"

二是注意配置保险的稳健型。拥有 50 万元资金的中年夫妇与年轻人的理财差别会比较大。此时，他们可能存在供房的压力，而子女的抚养教育费用还没有达到最高峰，但也必须将其纳入规划，甚至有些家庭要考虑资助子女出国接受高等教育。因此，对于 50 万元资金的理财方案应当以稳健为主要特征。

农行理财师许嘉建议："中年人要注意加大保险的投入力度，因为这个时候对保险的需求是非常迫切的。可以参考如下配置方案：5% 用于购买寿险，重大疾病险，意外险均应配置，保险额应加大；60% 用于购买基金，其中，可以平均配置股票型基金和债券型或者货币型基金；5% 用于存款应付不时之需；30% 购买股票，投资于安全边际较高的低市盈率蓝筹股。"

工行理财师解鸿称："对稳健存在较高要求的投资者，可以用 50% 购买国债或是票据型人民币理财产品或是保本型基金，30% 配置型基金，20% 股票型基金（可以根据自己的实际情况考虑进行房地产投资）。"

三是规划人生目标的激进型。对于年轻人来说，50 万元的资金已经比较丰厚，可以考虑实现部分人生目标，比如通过公积金贷款购买住房、成立和谐温馨的家庭、开创自己的经济实体等。然而，年轻人依然要注意适当理财。一定要考虑到自己在未来可能会存在的现金流入及流出情况，如果此时因为小有资产而过度消费的话，50 万元要消耗殆尽也是非常容易的。

农行理财师许嘉建议："对于工薪族而言，拥有 50 万元闲钱，证券投资不失为一个比较适合的理财渠道。建议配置方案如下：5%购买少量的保险以及活期存款，其中定期寿险，保费便宜，保额高；60%用于配置股票，选择有增长潜力的低价股，小盘股，但要注意基本面的详细研究以及介入时点的选择；35%用于购买偏股型基金。”工行理财师解鸿称：“50万元中，可以用30%购买债券型基金或是保本型基金，30%购买配置型基金，40%购买股票型基金。”

4．100万元理财满足未来对现金的需求

如果有100万元资金，可以选择的投资产品则非常丰富，然而如何利用100万元取得更高的收益，达到投资者的理财目标呢？

有些人认为，钱越多越不需要理财，因为理财的目的是得到更多的钱，既然有钱了，何必理财呢？事实上，理财的主要目的并非是赚钱，而是通过赚钱满足未来对资金的各种需求，赚钱只是一种手段而已。

农行理财师许嘉建议：“年轻人如果拥有100万元，要及早制定人生目标，然后确定理财方案。中年家庭如果拥有100万元的资金，现在要做的首先是加强投资，根据风险承受能力，可以考虑稳健型投资。只要保持每年10%的收益率，再加上工资收入，在第5年大约就有200万元的积累。然后要加强保障，意外险、重疾险、养老险都应该有，而且自己、爱人和孩子都应该有。如此的话，中产阶层的安逸生活不难实现。”

老年人的未来具有较大的不确定性，可能会产生大额开支，此时的100万元需要进行保守型投资。拥有100万元的老年人可以同时进行四项理财计划。

（1）退休计划：应该为自己购买足额的商业养老保险。

（2）保险计划：随着家庭成员年龄的逐步增大，发生重大疾病的概率也将逐步增加，应增加购买重大疾病类健康保险以及人身意外类保险。

（3）证券投资计划：如果缺乏投资技巧，建议按比例进行现金（含存款）、平衡型基金、股票型基金、股票的投资组合。

（4）教育投资计划：随着小孩的成长，教育投资会越来越大，可通过首付方式投资一套房产，既可出租获得租金收入，以后也可作为子女成年后的住房。

投资者自行投资时，可以参考以上建议。每位投资者的个人家庭情况、风险偏好等都不相同，在进行投资时最好能与专业理财师交流一番，然后制定一份科学的投资规划，最后再进行投资。

（三）价值判断的唯一标准是标准普尔 500 指数

1860 年，普尔先生（Mr Henry Varnum Poor）创立了世界权威金融分析机构标准普尔。1941 年，普尔出版公司和标准统计公司合并，共同组成了标准普尔公司。标准普尔公司的服务对象是投资者，可以提供信用评级、独立分析研究、理财投资咨询等服务。反映全球股市表现的标准普尔全球 1200 指数，以及作为美国投资组合价值判断的唯一标准的标准普尔 500 指数等一系列指数都是标准普尔公司编制的。其母公司为麦格罗・希尔（McGraw-Hill）。

标准普尔 500 指数（S&P 500 Index）是记录美国 500 家上市公司的一个股票指数，这个股票指数由标准普尔公司创建并维护。标准普尔 500 指数覆盖的所有公司，都是在美国纽约证券交易所以及 Nasdaq 交易的上市公司。与道琼斯指数相比，标准普尔 500 指数包含有更多的公司，能够反映更广泛的市场变化，因此风险更为分散。

1957 年，标准普尔公司开始编制标准普尔 500 指数。一开始，成分股共包含 425 种工业股票、15 种铁路股票和 60 种公用事业股票。1976 年 7 月 1 日，标准普尔 500 指数的成分股发生变化，改为由 400 种工业股票、20 种运输业股票、40 种公用事业股票以及 40 种金融业股票组成。

标准普尔 500 指数以 1941 年至 1942 年为基期，基期指数定为 10，计算时使用加权平均法，权数为股票上市量，然后按照基期进行加权计算。因为标准普尔 500 指数几乎占纽约证券交易所股票总值的 80% 以上，并且在选股的时候考量了市值、流动性及产业代表性等多重因素，所以此指数一经推出，就受到了机构法人与基金经理人的青睐，成为评量操作绩效的重要参考指标。

业界经常将道・琼斯工业平均股票指数与标准普尔 500 指数做比较，标准普尔 500 指数采样面更广、代表性更强、精确度更高、连续性更好的优势是业界公认的。如今，标准普尔 500 指数被普遍认为是一种标准的股票指数期货合约的标的。

2001 年，巴菲特在接受《财富》杂志采访时重申标准普尔 500 指数的重要性，自此之后，标准普尔 500 指数被认为是衡量股市估值最佳的唯一标准。前摩根士丹利分析师、全明星基金创始人季卫东称："通过分析标准普尔 500 指数与美国 GNP 相除的比率数据发现，在过去的 20 年中，这一指标接近或者超过 100% 发生过两次，分别是 1999—2000 年和 2007—2008 年，而与之对应的分别是第一次互联网泡沫破裂和 2007—2008 年的经济危机。"

在过去的几年时间里，美股大牛市一度将标准普尔 500 指数拉到了 100%。2014 年，标准普尔 500 指数不断刷新纪录，连连创下新高。在不断给投资者造成冲击的繁荣背后，隐藏着非常大的隐患：在纳斯达克综合指数成分股中，将近有一半的个股相比它们过去 12 个月的峰值已经有超过 20% 的跌幅。

在中国，投资者对标准普尔 500 指数有着非常乐观的看法。高盛集团的首席美国证券策略师大卫•克斯汀（David Kostin）和他的团队在近期完成的一份报告中指出："虽然我们顽固地认为标准普尔 500 指数的 2014 年目标值是 1 900 点，但是高盛集团的客户普遍认为该指数可以在明年达到 2 000 点，也就是相比目前再上涨 12%。"

报告中还提到："股市在 2013 年内上涨了 25%，这是在 2012 年强势上涨 13% 的基础上达成的。标准普尔 500 指数从 2009 年 3 月 9 日的谷底已经上涨了 165%。此外，2013 年的涨幅也是不太寻常的顺利。已实现的波动仅仅是 11%，2013 年的最大下行幅度仅仅是 6%。"

高盛集团的客户认为，美国经济增长率低迷并非坏事，这意味着更长期的低利率，而强势的散户资金流和股票回购，将会为未来的价格与盈利倍数扩张奠定基础。然而高盛集团的分析师认为："绝大多数的市盈率再评定已经发生过了，标准普尔 500 指数的未来路径将会是追随市盈率增长的温和但是减速的轨迹。"

克斯汀在报告中写道："前置倍数在过去两年时间已经有接近 50% 的上涨，目前接近 15.3 倍。市盈率倍数扩张占据标准普尔 500 指数 2013 年 25% 回报率中的约 80%。此外，投资者通常会忘记，上行的市盈率倍数是被用于有处于纪录高位的 8.9% 利润率的盈利数字上。"

与高盛集团相比，另外一些卖方机构的评估更加乐观，但是他们根本不敢随便讨论 2 000 点的标准普尔 500 指数的未来一年目标。股市的公平价值讨论的最根本核心是股价和利率之间的关系，而联储模型可以证明标准普尔 500 指数目前正处在一个公平价值。

大卫•克斯汀指出，高盛集团预计 10 年期财政部票据的收益率会在 2014 年年底时达到 3.25%，届时的收益率差距将会相当于 330 个基点，相比当前水平缩小 40 个基点。基于这个评估，高盛集团得出了对标准普尔 500 指数的 1 900 点目标值。

指数成分股的增减原则可说是指数的精髓所在，标准普尔指数以保留 500 只成分股为前提，维持一增一减。增加和减少个股的考量原则分别有六项和四项，如图 1-4 和图 1-5 所示。

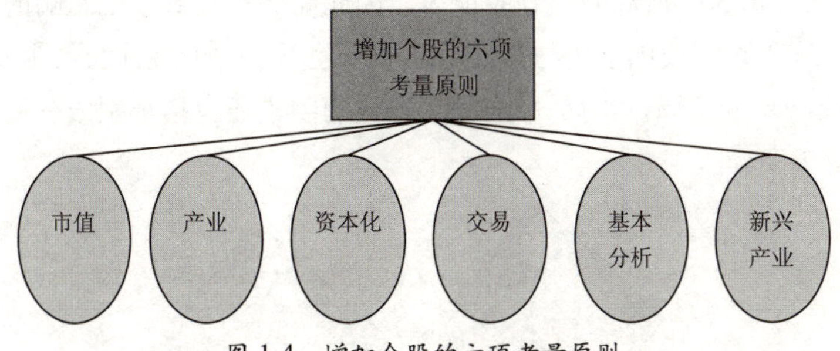

图 1-4　增加个股的六项考量原则

（1）市值：由于标准普尔 500 指数为市值加权型指数，因此个别公司在其产业领域的市值大小成为考量的第一要素。

（2）产业：考量产业是否在美国的经济体系中占有重要的地位。

（3）资本化：分析股票在外的流通程度，避免遭受少数团体操控。

（4）交易：分析个股每日、月、年的交易流动性，以及股价的正常效率化。

（5）基本分析：追踪公司的财务及营运状况，以维持指数的稳定度，并将变动减至最小。

（6）新兴产业：若有新的产业不在原本的分类中，但其条件符合以上 5 项标准，则可考虑加入。

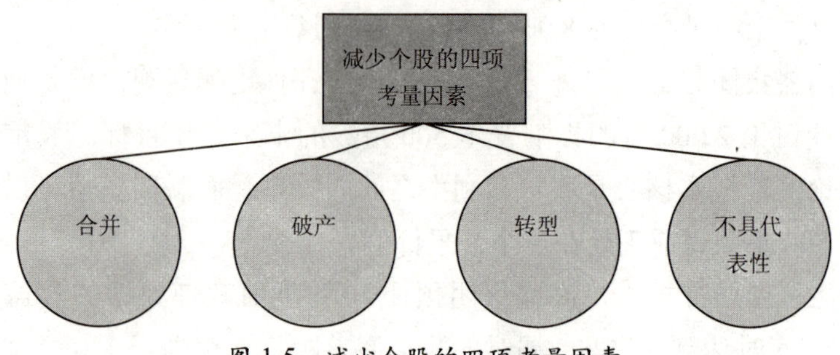

图 1-5　减少个股的四项考量因素

（1）合并：公司合并后，被合并的公司自然排除指数外。

（2）破产：公司宣告破产。

（3）转型：公司转型在原来的产业分类上失去意义。

（4）不具代表性：被其他同产业公司取代。

标准普尔 500 指数的成分股很多，因此能够对指数产生影响的因素也相对较多，不过主要因素仍与其他金融产品差不多，如经济因素、通货膨胀、政治因素等。有所不同的是影响股票指数的因素还包括个别成分股因素，如图 1-6 所示。

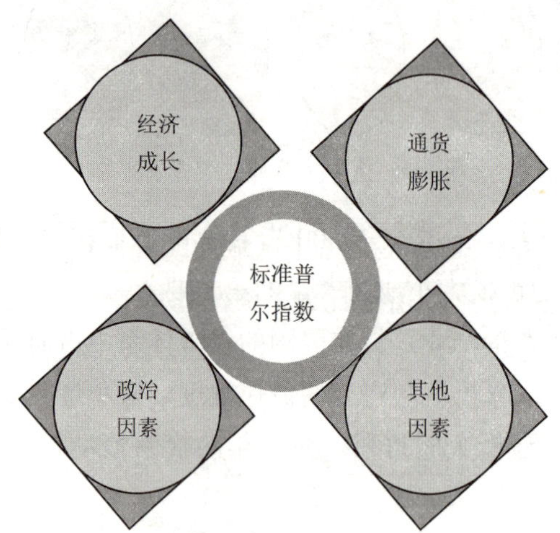

图 1-6　影响标准普尔指数的因素

1. 经济成长

经济成长对标准普尔 500 指数的变化发挥着重要作用。因为标准普尔

500 指数的强弱，主要是依靠成分股公司的获利愿景而定。从整体来看，一个国家的经济若是成长，上市公司的获利自然较佳，在整体获利提升的情况下，股市自然会随之上扬，进而反映在标准普尔 500 指数上。

而在经济衰退的环境下，即使某些成分股企业仍然能够获利成长，但从整体来看，企业的平均获利率将会下降，将不利于标准普尔指数的表现。因此，股市可以看作是一个国家的经济之窗。相对成长空间较大，就会吸引国际资金的投入，进而造就繁荣的景象；相对成长空间较小或者出现警讯，自然就会带来迅速冲击。

2. 通货膨胀

通货膨胀对股市有着显著影响，因此各国中央银行都非常重视应对通货膨胀。当通货膨胀上扬时，中央银行通常以调高利率，紧缩货币来应对，而这种应对措施会使企业调度成本增加，获利相对降低。考虑到资金回流金融体系，股市的动能将明显减少，因此对股票指数的表现有抑制的效果。

相反，在通货紧缩的情况下，中央银行会降低利率，释放资金。这种应对措施在无形中促进了市场消费，带动企业扩大生产，进而使得股市表现较佳。当然，强势资金的释放是需要一定时间来发酵的，所以股市的反应不会在短时间内立即显现。

3. 政治因素

在经济全球化的大环境下，一个区域的动乱，往往不仅是影响到区域内的国家，而是影响整个世界。比如，波湾的情势紧张，致使油价不稳定，最终使得世界各国经济都受到负面影响等。还有一种情况是国际资金反应的效率化使得某一个国家的利空成为另一国家的利多。

4. 其他因素

影响到标准普尔 500 指数的其他因素包括政府财政措施（如中央政府减税、政府开放股市等）、汇率变动、成分股的表现等。

（四）理财的最高境界不是投资而是投“机”

投资者如果能够抓住机会在市场的价格波动中获取收益，就为社会创造了财富。而机会一旦错过，投资者的财富不仅不会增加，还有可能损失一部分。因此，人们经常说“投机是投资的最高境界”。

迈克·马加斯（Mike Magas）是一位成功的美国投机大师。很多出色的投机大师刚出道时都会经历很多失败，然后从失败中吸取经验和教训，最终取得了成功。马加斯刚出道时也历尽挫折，大学毕业后，马加斯成为一名期货公司的信息员。早期投资交易让他非常沮丧，马加斯一而再，再而三尝试都以失败告终，个人账号落得个爆仓的下场。

失败乃成功之母是亘古不变的真理。经历连番失败之后，马加斯找到出错的原因，辞去了自己的工作岗位。之后马加斯受邀担任了出市代表，后来又受雇为职业炒家，为公司管理基金。由于马加斯管理的基金的盈利好几次都超过了同公司内其他基金经理的盈利总和，因此得到了公司重用。10 年之内，马加斯成功将自己管理的账户由 3 万美元变为 8 000 万美元，净值增长 2 500 倍。

1973 年，美国宣布停止执行价格管制计划，后果就是美元汇率大幅下跌，美国通货膨胀问题严重。当时的马加斯已经有了出神入化的投机功夫，在全面上升的市场中堪称常胜将军。在一片牛气冲天的期货市场中，马加斯因大意犯了一个严重错误，错失了一个非常好的机会，留下了刻骨铭心的教训。

当时的大豆期货由 3.25 美元 / 蒲式耳暴升至 12 美元 / 蒲式耳（一蒲式耳相当于 35.238 升）。在大豆升市之中，马加斯一时冲动将所有多头平仓，原本寄希望于大豆出现回吐时再度买入，却忘记了师傅斯科特告诉自己的“一定要在证实市势已经逆转后才可以离开市场，赢钱必须赢到尽”的教诲。

平仓之后，马加斯眼睁睁地看着大豆连续十二日涨停板，既惊讶又悔恨。当时的马加斯每日回到公司都会看到师傅斯科特因为享受到大豆涨停板的利润而欣喜不已，而自己却要忍受坐冷板凳的痛苦。对于马加斯来说，上班已经变成了一种难以忍受的折磨，这次投机失败的案例给予马加斯一个刻骨铭心的教训。

之后的马加斯在投机过程中更加小心谨慎，几乎没有再犯过错误。马加斯有着三位一体的交易原则：当基本因素、图表分析发出相同信号、市场基调与大市走势互相配合三个因素都相互配合时，才重注出击。马加斯大部分利润均来自三位一体的交易。其中市场基调与市场走势是否相互配合在马加斯的交易原则中占有重要地位。

20 世纪 70 年代末期，大豆进入牛市阶段，市场上大豆供不应求。当时的美国政府每周都会宣布非常强劲的大豆出口数字。在这种情况下，大豆价位自然被推高，当时的马加斯拥有非常多的大豆多单。

有一天，马加斯的经纪人告诉他，大豆的出口数字再创高峰，大豆暴升，但是马加斯持有的多单并没有满仓。市场普遍认为即使没有增加新的多仓数量，大豆合约依然会连续三日停板，马加斯对于自己尚未满仓而感到不悦。第二天，大豆果然以涨停板的姿势开出，其后大豆合约在涨停板价位出现大手的成交量。然后，忽然之间，大豆合约回头下跌，马加斯得偿所愿，买入更多的大豆合约。

当时的马加斯心想：真奇怪，大豆本应该连续三日涨停板才能与市场消息相配合呀！经过片刻的深思，马加斯感觉到了一丝异常，立即通知经纪人沽出手上所有多头合约，并且反手抛空。一时之间，马加斯成为市场的疯狂大沽家，最终大豆价位大幅下跌，马加斯大获全胜。马加斯的成功案例充分证明利好出笼，而市场形势未能做出相应的上升，可以放心的沽空。

马加斯认为，天分是顶尖的投机大师不可缺少的东西。事实上，要想成为一个具有竞争力的投机大师，并且依靠投机维持生计，努力是踏上成功路途必备的条件。对于经常亏钱的投机者和初入行的投机学徒，马加斯给出以下忠告：

（1）每一次买卖最多只能输掉本金的 5%，这样你就有出错 20 次的机会。只有不断出错直到 20 次，才会全军覆没。正常来说，只要保持一半的分析正确率，盈利时赢得彻底，最终是会获利的。

（2）在进入股市之前一定要为自己设置切切实实的止损盘，不能自欺欺人。手中无止损，但是心中应当有止损，入市的交易单只有伴以离市的止损单，才能保证在一定价位立即斩仓离场。就算是刚入市五分钟，只要你感到危险来临，也应该毫不犹豫地平仓，即使他人认为你的做法有问题也在所不惜。

（3）出色的投机大师都是独断独行的。很多优秀的投机大师都有各自的特长，同时也会有不同的弱点。假如一个投机大师经过四处访问之后，才决定下注，那就可能将所有人的缺点集于一身，造成不堪回首的后果。还有很多专家本身都不是实际入市的投机者，他们的建议更加没有必要听从。四处寻求建议的做法还会使自己自信心下降，从而变得畏首畏尾，使自己的交易系统不能保持前后一致，最终因为三心二意而输得莫名其妙。

（4）必须要限制入市买卖的次数。常言道“上得山多终遇虎”，做得越多出错的可能性越大。投机者应当把握最好的机会，然后再放手入市。投机者成功的关键就是能否守株待兔地等待入市时机。

（5）投机者可以通过对自己账户净值每日画图了解自己的交易状态。观察净值的走势，了解自己的进退对炒卖成绩有很大的帮助。当你的净值江河日下，这个警号就应当引起注意。为了确保自己能够在投机市场里生存下去，你必须时刻保持警醒。当你对自己的投资事业感到迷茫时，应当暂时离开市场放假休养，等到恢复精力后再加入战斗。根据投机大师们以往的经验，休息对投机者有百利而无一害。休息之后，投机者的头脑变得更加清醒，战绩很可能会有良好的进展。

股市是一个极其复杂的市场，在成熟的欧美股市中，经济稳定向上发展，大多数股民都是成熟的投资者。由于相对风险较低，欧美股市的投资者进行投资的可能性与胜算更大。而中国股市的变动较大，具有很大的不确定性，而且中国股民都不够成熟，各种机构趁机牟利，导致股票操作难度很大。如图 1-7 所示，总结了四种投机技巧，希望股民通过投机实现意想不到的收益。

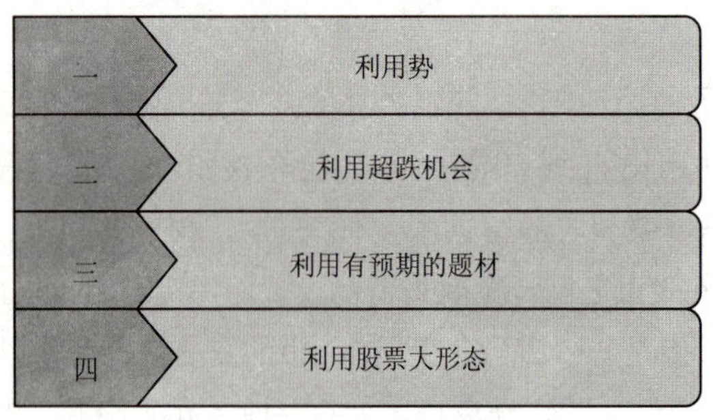

图 1-7　四种投机技巧

1. 利用势

势是指态势、形势，既可以是大盘，也可以是股票。在大盘极强，股票普遍上涨的情况下，操作难度比较小，买什么都有很大的获利可能性。而股票的势分为强势和弱势。强势是指连续上攻，几乎没有回落，稳步上推，放量上升。这类强势股就是盈利的标的。弱势则是指连续回落，几乎不涨，放量下跌，阴跌。操作这类弱势股有很大的亏损可能性。

想要准确判断出股票势的真假，首先必须精通基本面，其次是精通机构操盘心理。总而言之，基本面好说明估值有很大的提升空间，对投机者来说有较大利好。在预测了机构成本价和买卖意愿之后，判断出势的真实。最后大胆于放量启动日买入或者于次日盘中回落买入，得到可观的收益。

2. 利用超跌机会

弱的股票并不是没有机会，恰恰相反，机会是跌出来的。物极必反，大跌之后必然要上涨。大盘是如此，股票亦是如此。投机者首先要明确什么是超跌，超跌即用力过猛，跌得非常多，跌得离谱。如果大盘放量连续跌，转机随时会出现。

如果把握好时机，盈利稳收。巴菲特主张的"别人恐惧时我贪婪"说的就是这个道理。当大盘连续无理智下杀，往往次日或者下次日就是最佳的投机时点，果断进场将可能产生意想不到的效果。

3. 利用有预期的题材

利用有预期的题材只适用于股票。比如，某股预计未来 3 ～ 5 个月将重组，而这种重组是必然的。那么应该果断在低位进场持有做长线，撇开一切干扰因素。因为这个收益是确定的。想象一下 3 ～ 5 个月之后就是 50% 以上的收益，为何不去赌一把呢？这比每日短线斯杀的确定性更大。

4. 利用股票大形态

长牛股有题材有业绩的股票，只要是合理的中级回调都是极佳买点。因为是长牛，所以不应有任何的恐惧，每操作一波都是 30% 以上的收益。

二、“财”不仅仅是货币

“财”不仅仅是现金货币和虚拟货币，还包括房地产、股票、债券、黄金等资产。1936年，里奥·格德温（Leo Gdwin）创立了政府员工保险公司。在公司中，格德温投资了2.5万美元，拥有25%的股份；银行家克利夫·瑞亚（Cliff Rhea）投资了7.5万美元，拥有55%的股份；瑞亚的亲戚拥有其余20%的股份。政府员工保险公司的财产分别属于格德温、瑞亚以及瑞亚的亲戚。

由于政府员工保险公司的业务仅仅面向政府员工，大大降低了经营风险，而且其保险成本低于同行的30%～40%，因此，政府员工保险公司的运作比较良好。1948年，瑞亚家族因某种原因决定出售他们全部的股份。而有“华尔街教父”之称的本杰明·格雷厄姆（Benjamin Graham）得知这一消息后，非常感兴趣。

对于格雷厄姆来说，政府员工保险公司的情况极为符合他的投资理念。首先，该公司财务状况优异，盈利增长迅猛；其次，该公司潜力巨大，由于其独特的服务对象和市场宽度、广度，前景一片光明；最后，瑞亚家族同意以低于账面价值10%的比例出售所持有的全部股份。因此，格雷厄姆毫不犹豫地购买了政府员工保险公司的股份。

最终，格雷厄姆投资72万美元，以每股475美元的价格，购入瑞亚家族所持有的一半股份，即1 500股。格雷厄姆将购买政府员工保险公司股份视为一个开始。他认为：“作为一个新兴行业，保险市场的潜力将会使投资者获得较高的投资回报。”随后，格雷厄姆决定将政府员工保险公司推为上市公司。

1948年7月，政府员工公司在纽约证券交易所正式挂牌交易，其当天的收盘价为每股27美元，到1948年年底，该股票就上涨到每股30美元。上市后的政府员工保险公司完全符合格雷厄姆的预料，不断地飞速成长。其服务对象开始由政府员工扩展到所有拥有汽车的人，市场占有率也由15%猛增到50%，占据了美国汽车保险业的半壁江山。几年之后，政府员工保险公司就变成了资本额为1亿美元的庞大公司。

从1948年政府员工保险公司上市市值开始计算，截至1966年，投资者的回报率在10倍以上。其中，格雷厄姆个人所持有的股票价值已接近1 000万美元。

（一）观念上的货币

一分钱难倒英雄汉的典故相信大家也曾听过。个人以及企业都是如此。现在很多公司，大量的产品卖不出去，导致库存资金积压，而且卖出去的产品还不一定可以收到现金，导致公司现金流紧张。一些中小企业因为发不出工资，导致资金链断裂，老板跑路的现象已经不在少数。

从观念上说，只有现金才可以作为货币使用。在中国房产、股市一路高唱的同时，国内外资本巨鳄就感知了资本市场的巨大风险，采取了抛卖止投，回收现金的闪电行动。在美国，巴菲特旗下的伯克希尔·哈撒韦公司持有的现金超过了550亿美元。这是该公司诞生40年以来，持有的现金最多的一次；在国内，李嘉诚家族已经出售了北京、上海接近200亿元的房产；万科在2012年第一季度停止拿地，货币资金由年初的342.4亿元增长至390.5亿元。

观念上的货币就是现金，为了避免投资风险，将自己的房产、股票等兑换成现金是必要的。在国家转型和经济不明朗的前提下，作为普通投资者，一定要深刻地认识到，资本市场是非常残酷的。无论是股市还是楼市，持有现金是一种更安全的选择。

近年来，“每个人都应该有一次奋不顾身的爱情和一次说走就走的旅行。”成为互联网上最流行的段子之一。2014年年初，将近40岁的山东男子许峰（化名）与妻子一同辞去工作、卖掉房产和车，替女儿办理休学手续，开启全家航海旅程，此事在微博上热传。许峰“人生有选择，一切可以改变”的信念，被诸多微博名人推崇并进行宣传。

同时，一位上海的网友晒出一个“卖房理财”重新定义生活的故事：“把房子卖掉，得到300万元现金。150万元买理财产品，150万元存活期储蓄。每个月都可以得到一万多元的利息，足够租房、旅行、阅读等生活开销，是时候为自己活着了！”

然而，买房理财究竟是改变生活方式、获得潇洒自由的生活，还是无视风险、孤注一掷？多位业内理财分析师表示：“无论从现实还是长远考虑，出售唯一住房进行理财，需要承担的风险较大。”买房理财应当考虑到个人的具体情况，不能盲目推崇，否则可能导致严重的损失。

用 300 万元理财到底能否月入万元？某专业理财机构在微博留言中算了一笔账：150 万元，存入基金公司推出的“活期通”，以 4.2% 的年化收益率计算，可得 63 000 元。150 万元存银行固定理财，按 5% 的预计年化收益率计算，可得 75 000 元。如此累计，年均收益 138 000 元，月均 11 500 元。据此，该机构认为买房理财可以“给自己更自由的生活”。

某建设银行国际金融理财师认为：“300 万元能否换来月入过万，并不仅是依靠公式换算那么简单。以银行目前的利率水平和理财产品平均的年化收益率来看，月入万元并非轻而易举。人民币活期存款的基准利率目前为 0.35%，如果以 150 万元存活期，一年收入仅 5 250 元。即便利率上浮 10%，达到 0.385%，全年收益也仅 5 775 元，平摊到每月 481 元，基本可以忽略。”

当前众多银行理财产品中，较为稳健理财产品的年化收益率基本在 4% ～ 5.5% 之间。如果 150 万元全部购买年化收益率为 5.5% 的产品，一年收益为 82 500 元，折合每月为 6 875 元。而且收益率在 5.5% 左右的理财产品的购买期限一般为半年到一年，收益只会到期兑付，不能每月支取，更不可能实时赎回。此外，理财产品中的年化收益率都是预计值，中间会存在偏差，不一定能达到。

中国银行上海分行的一位理财分析师称：“要实现月入过万的理财计划，也是有可能的，但会面临更大的风险，甚至有本金亏损的可能。要保持较高的收益率，信托是比较合适的产品。但信托并不保本，且收益一般是一年或两年后到期支付。至于股票市场，风险和波动都比较大，可能这个月赚到 15%，下个月又亏本。就算将 300 万元全数购买年化收益率 5% 左右的短期产品，可以达到每月收益过万的预期，但操作非常复杂，最终收益也未必达到预期。”

“卖房理财”之论一出，理财热情高涨的网友们立即展开了辩论。“卖房理财”言论的支持者认为，在房地产泡沫市场，卖房理财是不错的选择，毕竟拥有现金才能把握今天。反对声围绕房价展开。有网友计算，大城市的房租普遍在3 000元以上，如果是全家租房，可能会花费4 000～5 000元。而且房租有持续增长的势头，若再加上日常开销和旅行费用，万元的月收入也可能不够用。买房理财应当视个人情况而定，以下两种情况可以考虑卖房理财。

1. 持有多套房屋的业主可以考虑卖房理财

理财规划要因人而异，最合适的就是最好的。一位天津网友在看到卖房理财规划后表示，卖房外出旅游是他一直没有实现的梦想。他现在有两处房产，因为房屋产权年限最多为70年，在未来卖一套房，靠理财收益旅游的方法非常适合他。

在未来几年里，一旦开征房产税，房主通常就会上涨租金，将税收转嫁给租户。而当租金过高，房子就很难租出去。相对而言，流动性较强的现金可以带来更多渠道的收益。如果是持有多套房产的业主，考虑到未来可能征收房产税等因素，目前卖出非自住房用来理财可以分散风险，并获得额外收益，如果是仅有一套自住房，卖房理财的做法就显得不理智。

2. 当前利率较高时，卖房理财值得考虑

高利率是实现300万元维持万元收益的前提。如果所有房产的投资价值表现强劲，但为了实现眼下的自由，抛售唯一的房产，理财收入就可能难以为继，增大生活压力。

（二）现实的货币

观念上的货币就是流动性最强的金钱，而在现实生活中，我们将现金、房子、黄金、股票等都视为货币。所处的时代不同，人们对衡量货币财富的标准和标的也不同，但是房子、黄金、股票等始终在财富中占有重要地位。

房子是财富中的重中之重，黄金是价值最稳定的财富，而股票则是潜力巨大的财富。2015年的整个投资市场一度处于非常狂热的阶段，但投资的规律却是绝大多数投资者享受不到泡沫吹起来的过程，却参与了泡沫破

灭的过程。而2016年，房地产、黄金、股市，投资者应当如何选择呢？如图1-8所示。

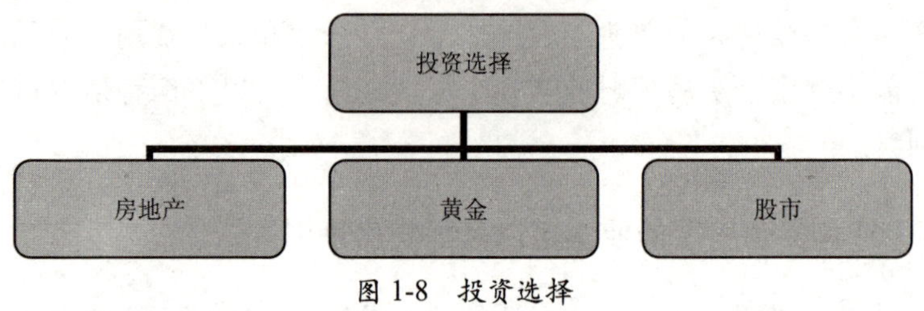

图1-8　投资选择

1. 房地产

当前，很多投资分析师都不看好中国房地产，一味地唱衰中国的房地产市场即将崩盘。尽管当前的房价很高，但房价高并不意味着房地产市场就要崩盘，这些观点都是不负责任的。关于中国房地产市场，政府倾向于出台基于中长期发展的组合拳新政策。

中国新型城镇化才刚刚开始，房地产市场拉动了各行各业。即便政府不会扶持市场化的房地产市场，但是也不会蓄意打压，限购、限贷、限价等政策将在不远的将来取消。合理市场化是房地产市场的未来必然趋势，考虑到概念、地段、附加值等因素，一平方米涨到10万元也是有可能的，这不是一概而论的价格概念。

从大局来看，房地产市场价格维持长期泡沫化是较为合理的选择。稳定房地产市场的价格可以保证时间换空间，有利于市场调控。因此，政府不会让房地产市场崩盘，也不会让房地产市场被某些团体操纵导致整体疯涨。

只要对整个房地产市场对症下药，增强房地产市场的住房功能、保值与储值功能，房地产投资就会拉动国家经济增长。一旦房地产市场发生结构性变化，老百姓同样可以将房地产市场视作重要的投资与财富蓄水池。

2. 黄金

从全球市场来看，黄金市场是体量巨大的。黄金市场是一个公开、透明、高流动性的超级市场。很多投资者都对黄金非常痴迷，进入黄金市场的投资者前赴后继，毫不逊色于房地产市场。黄金的价格透明性和高流动性决定了黄金的价值，近几年的价格下跌使得黄金的价值优势更加凸显。

房子会随着时间的流逝而贬值，但黄金的价值不会发生变化。黄金曾经作为货币在市场上流通，其本质就是一种储值的财富载体。黄金的价值表现在以下两个方面：

（1）黄金具有稀缺性的内在价值

从元素周期表上可以看出黄金的稀缺性，黄金的稀缺性是历来就有的。稀缺性是一种高价值，越稀缺价值越高，与使用价值无关。对使用价值的理解不仅要从吃、穿来理解，比如，LV 手包、爱马仕铂金包的昂贵从材料本身的价值和使用价值来说根本解释不通。从历史的角度来看，黄金的奢侈品价值完全超过了 LV、爱马仕之类的产品。因此，黄金具有稀缺性与流动性高的特质。

（2）黄金存在劳动价值

黄金成品都是从寻找金矿开始，经过开采、提炼加工而形成的。无论是黄金首饰还是金条等，都蕴含着人类丰厚的劳动价值。劳动价值属于产品的内在价值，黄金的高劳动价值决定了高内在价值。从历史角度来看，黄金是最稳定获得全世界人们认同的财富，而且这种认同度数千年不变。

人们对黄金的认同度不会改变，所以，短期的价格波动永远不会掩盖其长期的内在价值。无论如何，将黄金加入投资配置是正确的选择。黄金经得起时间的考验，属于压箱底的财富配置。

3. 股市

中国国民生产总值 50% 的贡献都来自上市公司，可见在中国经济中，上市公司发挥着举足轻重的作用。股市存在波动，但是不会一直处于熊市，也不会一直在牛市。在推动中国经济发展方面，中国股市绝对功不可没。当今的中国股市存在结构性缺陷，但股市的融资机制依然是完好的。

对于中小投资者来说，投机不是最佳选择。美国很多股民都是基民，大部分都是购买基金并长期持有，不会倒来倒去的投机。个股的风险极高，30% 以上的跌幅是很平常的。中国的股民应当购买一些可以长期持有的基金，如涵盖沪深两市的一些指数基金，在 7 年熊市之后，牛市就在不远处。

当经济开始衰退或者高速增长开始回归时，投资者必须用正确的价值观指导自己的投资，才有可能在风云莫测的市场中获利。房地产投资、黄金投资、股市投资是人们积累财富的三大法宝。投资者不能过度悲观、彻底抛弃，也不要以某种言论定性房地产、黄金、股票市场的未来。对于三种财富的信心就是对社会不断前进的信心以及肯定自我的信心。

（三）谁偷走了你的美元

一般来说，如果某车主的汽车被追尾，总是由肇事车辆的保险公司赔偿车辆维修费而宣告结束，很少有人再去追究车辆贬值损额的赔偿问题。2013 年，昆明市中级人民法院审理了这样一起案例，被撞的越野车车主与肇事的搅拌车发生纠缠，越野车车主要求搅拌车车主赔偿贬值费 9 万元。2013 年 5 月份，安宁市人民法院一审判决搅拌车车主承担全部责任，赔偿越野车车主贬值费 9 万元。由于搅拌车车主不服判决，因而上诉到昆明中院，昆明中院二审此案。

汽车肇事后索赔贬值费案例让人新奇不已。事实上，人民币贬值时时刻刻发生在我们身边。俗语说得好：“吃不穷，花不穷，算计不到就要穷。”或许，在我们埋头赚钱的同时，银行存款正被悄悄地偷走。

通货膨胀与老百姓的生活息息相关，大家最关心的也是如何保护好自己辛苦劳动积攒的资金不被通货膨胀偷走，那么通货膨胀下如何理财呢？下面，我们就为大家讲解通货膨胀下的理财策略和保险规划。

通货膨胀是指在以纸币为流通手段的条件下，因货币供给大于货币实际需求，现实购买力大于产出供给，从而导致货币贬值而引起的一段时间内物价持续而普遍上涨的现象。换句话来说，当货币数量的增长速度大于实物数量的增长速度时，就会出现通货膨胀。

举例来说，货币总量是 100 美元，实物总量是 100 千克大米，那么，1 千克大米的价值就是 1 美元；如果第二年大米生产增加了 100 千克，也就是市场上有 200 千克苹果，而货币增加了 200 美元，也就是货币总量为 300 美元，那么第二年每千克大米的价值就是 1.5 美元。推及到整个经济实体运行，物价水平就上升了，于是就出现了通货膨胀。通货膨胀的实质是社会总需求大于社会总供给，也就是平时所说的供小于求。

为了更好地理解通货膨胀带来的货币贬值，首先来认识一个至关重要的指数，即 CPI。CPI 指数就是居民消费价格指数，直接反映了居民家庭一般所购买的消费商品和服务价格水平的变动情况。其变动率一定的情况下通货膨胀或者紧缩的程度，以及货币购买能力的变动和居民实际工资的影响。以 2010—2014 年，1 万元为本金，5 年时间为周期举例： 从 2010 年起，连续 5 年的 CPI 分别为 3.35%、5.41%、2.65%、2.63%、1.99%

5 年平均价格指数为：（3.35%+5.41%+2.65%+2.63%+1.99%）÷5=3.206；

同期 5 年期存款利率为：3%（该利率为中信银行利率，为同业最高利率）；

5 年物价变动情况的公式：本金 ×（1+ 平均价格指数）^{5}，即 10 000×（1+3.206%）^{5}=11 710 元

5 年期定期存款到期金额的公式：本金 ×（1+ 同期存款利率）^{5}，即 10 000×（1+3%）^{5}=11 590 元

通过数据可以看出，把资金存放在银行 5 年以后，根据实际的购买能力计算，资金已经亏损了 120 元。将资金存到银行，不但给银行使用了 5 年资金，到头来反而亏损了 120 元。 当然，现在以余额宝为代表的新型互联网货币基金非常流行。我们以 2015 年 9 月 13 日的利率举例，该利率最高时为 3.3%，远超过同期银行活期存款利率的 0.35%，甚至超出 10 倍有余。依然以 1 万元本金，5 年周期为例：

5 年到期金额为：10 000×（1 ＋ 3.3%）5=11 763 元

实际购买力变动为：11 763-11 710=53 元

经过数据可以看出，余额宝等新型互联网货币基金，尽管诞生之初以方便快捷、灵活机动、利率高等优点风靡一时。然而如今的余额宝依然让人失望。相比与传统银行，余额宝等新型互联网货币基金具有显著优势，传统银行因为资金利用效率低和业务成本高的劣势遭受到严重打击。相对其他新兴的理财产品来说，1 万元经过 5 年时间的理财，减去物价变动情况，最终只有 53 元的投资收益，其结果只会让人大跌眼镜。

那么如果把钱放在专业理财网站，以平均预计年化 13.5% 的收益来计算，依然以 1 万元本金，5 年周期为例：

5 年到期金额为：10 000×（1 ＋ 13.5%）5=18 835.59 元

实际购买力变动为：18 835.59-11 761=7 074.59 元

经过计算，我们可以得出结论：1 万元经过 5 年期的理财，专业理财网站的收益为 7 074.59 元，是余额宝的 133.4 倍。由此看来，理财并非一件简单的事。那么如何合理有效地进行理财呢？大家不妨在投资理财时，参考专业人士的意见，或者直接让专业人员为自己理财。这样既可以节约理财时间，又能获得更高的收益。

第二课

“财”矢量的合成

郭成是一名摄影师，拥有一家自己的摄影工作室。2015 年，34 岁的郭成结婚了，事业进展得也不错。他的工作室非常忙，每个月的收入超过 3 万元。现在的郭成每年都有 35 万～ 40 万元的收入。由于结婚和购房，郭成在 2015 年花去 80 万元，目前还剩余资金 90 万元左右。为了婚后过上更优质的生活，郭成希望可以做一些合适的理财。

很多人都像郭成一样，拥有一笔不小的财富，想要理财，却不知如何理财。个人投资理财首先应当制定一个理财目标，然后充分分析自己的财物现状和所能承受的最大风险，通过平衡安排各种收入与支出，选择风险收益特征不同、期限结构不同的投资产品组合，达到平衡收益与风险的目的，实现理财价值最大化。投资理财具有以下两个明显的特性：

首先，理财是一种宏观的长期的战役，而非短期的、局部的战斗。理财的根本意义是实现人生目标，所以要着眼于大的方向，从个人的人生规划入手。合理的人生规划是理财不可或缺的条件之一。

其次，理财重视平衡，追求价值的最大化，而不是价格最大化。人们普遍认为个人理财就是为了让“钱生钱”、投资高收益产品才能理财成功，这些观念都是从金融规划角度出发看待理财的，而理财并不等于金融规划。既然金融规划只是理财的一部分，理财还包含着其他内容。理财与管理一个蓄水池有异曲同工之处，都要从挣、赚、省、防四个方面入手。

挣是指通过工作获取工作收入的过程，是蓄水池的主体。挣不仅包含有“入”的意思，还有”出”的含义，包括投资时间、金钱，投资个人修养、能力以及生命等，比如，定期体检、健身、看心理医生等。

众所周知，马云是挣钱的能手。1988 年，马云在杭州电子工业学院教外语的时候，每月工资只有 110 元。为了挣得更多的钱，马云找了很多兼职，并利用课余时间为到杭州旅游的外国游客做起了导游。马云发起了西湖边的第一个英语角。1992 年，马云又在杭州成立了最早的专业翻译社“海博翻译社”，并在课余时间四处奔波发展翻译业务。后来，马云还开始卖起了礼品、鲜花等，赚得了最初的创业基金。

赚是将自己拥有的金钱通过金融渠道运作，获得增值的过程，是蓄水池的旁池。钱不是攒出的，是赚出来的。在当前的互联网全民理财时代，可以说钱是理出来的。

年收入20万元的徐程自工程硕士毕业后，独自一人在外资企业打拼，如今已经有3年时间，目前还是单身。一年前，徐程为了使自己20万元的闲置资金更有效的投资利用，投入了一款安全性较高、固定收益类产品，年化收益率在10%以上，到期本息22万元。徐程认为，像他这种当下无牵无挂，只是有些闲钱的，能做到稳妥的固定收益即可。

在理财中，省也是非常重要的一部分，是水池的截门阀。很多理财投资人不重视这个环节，花钱无所顾忌，在无意中损失了很多。在消费时要有一个量入为出的概念。比如，每个人的钱包里都有若干张信用卡，但很少有人分开使用。建议在使用信用卡时，不同的生活功能使用不同的卡，比如，超市购物用一张卡，加油用一张卡。这样有利于了解生活质量和支出的对应情况。

对于亚马逊来说，节俭已经成为至高无上的领导艺术。在亚马逊，节俭可以追溯到1994年，杰夫·贝索斯（Jeff Bezos）刚刚创办这家电子商务公司之时。当时，贝索斯临时在屋内搭了一个"门台桌"。在亚马逊成功上市之后，"门台桌"便成为亚马逊最流行的办公设备。亚马逊还推出"门台桌奖"，鼓励员工为公司节省大笔开支以及让消费者得到更低价的产品。

在亚马逊企业文化的其他领域中，无不渗透着节俭的血液。2009年，贝索斯在亚马逊召开股东大会时称，公司自助餐厅的自动售货机已经将全部电灯泡取出。此举让亚马逊每年节约数万度电。当时亚马逊的市值已经达到了480亿美元。

防是指防范风险，是蓄水池下面的井盖。作为理财者，一定要衡量自己的风险指数，选择一些适合自己的保障措施，搭建维持生活水平的平台。挣、赚、省防是理财的四个方面，理财的目的是让这四个方面在人生中取得平衡。

一、理财中的经济学杠杆

1997年7月，韩国大宇集团因为负债800亿美元而破产，成为韩国历史上金额最大的一笔企业破产案。1967年，金宇中依靠借来的10 000美元创立了大宇集团。其业务范围涵盖外贸、重型装备、造船、汽车、电子、通信、化工、建筑、金融等各个领域。1997年，美国《财富》杂志将大宇集团CEO金宇中评为“亚洲风云人物”。

然而，在大宇集团无限风光的背后，却是企业的大量举债。由于过度举债，大宇集团逐渐走上了一条不归路。滥用财务杠杆就是大宇集团倒闭的主要原因。1997年年底，韩国发生金融危机，为了降低财务风险，企业应当利用财务杠杆原理减少利息支出，并偿还债务。然而，大宇集团不仅没有减少债务，还发行了大量债券，使其财务负担变重，风险也更高。随后两年，其资产负债率一直居高不下，直到1999年7月被韩国4家债权银行接管而倒闭。

大宇集团举债经营中的财务杠杆效应是消极的，它不仅没有提高企业的盈利能力，反而因偿还压力过重使企业陷入财务的困境里。理财中的经济学杠杆是指通过负债将社会资源集中起来，将其投入生产领域，并从中获得回报。利用经济学杠杆理财是一种高段位的理财技能。在投资、创业、买房、买车、消费等领域中，有很多基于经济学杠杆的融资方法和工具，可以使理财者达到事半功倍的效果。

很多人都认为无债一身轻，他们总是将债务与穷困、疾病、游手好闲联系在一起，大部分人听到“借钱”这两个字的第一反应一般都是躲避。对于他们来说，负债等同于一个绝对的贬义词。但事实上，借钱与负债并没有那么可怕。

熟知经济学的人都知道，一家完全没有债务的企业的财务状况可能并不理想。因为没有负债就等于只能动用自家企业的资金，企业的发展就会有很大的局限性，资金的周转压力也很大。反之，如果一家企业能与银行合作，甚至得到了上市融资资格，在偿还能力范围下尽可能多的负债，同时将负债转换成增加收益的资本，这样就能借助银行、股民的资金成就公司的发展壮大。

一家财务健康合理的公司一定拥有合理的资产结构、负债比例以及相应偿债能力。同样，在日常生活中，只要我们的房贷、车贷、信用卡透支等都在适度范围内，就属于良性负债。虽然有时需要为负债付出一定的成本，但关键时刻的一笔融资对于我们的价值更大。

随着金融创新发展完善，我们在日常生活中购物、旅行甚至投资时选用的借钱渠道也越来越多。在控制成本和风险的基础上，合理规划和使用融资工具理性借钱举债，有助于我们提前实现生活梦想、扩大创造资产以及降低创业门槛。

受中国传统思维的影响，先积累，脚踏实地筹集到一定量的财富，再购房买车，进行各种消费投资成为最常见的基本生活模式。而西方人青睐的生活模式为在具备一定基础的条件下，以举债的方式获得更多的资本金，提前消费，甚至“借鸡生蛋”。两相对比，我们可能会认为西方人不够踏实，但如果在风险可控的基础上，我们的生活质量可以获得显著的提升。

当今信用经济越来越发达，购房、购车、购物甚至旅游等都可以通过负债提前实现。信用卡免息、信用卡分期、银行消费贷款、汽车金融贷款、网络购物“白条”等越来越多的负债工具出现在我们的生活中，可供我们日常生活利用的空间也越来越大。

以时下流行的信用卡消费为例，持卡人在善用免息期的前提下，无须申请就可以轻松提前消费，还没有任何利息。信用卡消费非常适合我们应对日常花费。对于有购房需求的人群来说，昂贵的房价以及后续装修给他们带来了巨大的压力，一些购房者因此将购房计划无限期搁置。如今，借助住房贷款及装修消费贷款的“回春”，这部分购房者就能获得更宽泛的选择及可能。在合理的范围适度地进行提前消费，让他们获得了更有质量的人生。

负债不仅可以在资金短缺时提前消费，还可以“借鸡生蛋”，用别人的钱来赚钱。一般来说，投资者不应该为了风险投资而大量举债，因为大手笔的借钱投资常常会对投资心态产生不利的影响，促成错误的决策。但是当投资或创业机会来临时，恰当利用合适的负债工具，可以充分激发经济杠杆效应，大幅度提升资金回报率。

比如，经验丰富、风险承受能力高以及经济实力雄厚的投资者，可以在市场出现投资机会时选择股指期货、融资融券业务，以及分级基金等工具实现证券投资的“借鸡生蛋”；而对于手握优秀的产品设计以及市场规划的创业新手来说，可以有效信用贷款、抵押贷款、担保贷款甚至P2P借贷进行“以小博大”的财富创造。

物理学家通过借力使力原理发明了滑轮，使得人们花一般的力气提起同样的重物，而善用经济杠杆的投资者距离财富也比其他人更近。为了积累财富而打工是人生的初级阶段，而让自己的钱及别人的钱为自己赚钱是人生的高级阶段。在经济杠杆作用下，成功不再局限于自己手中有限的资本。只要获得的资产回报率高于融资成本，那么这笔借贷就是一笔好买卖。

由于超额收益，借款投资受到了很多投资者的关注。一般的贷款不可以用于投资，因为所有的银行都严厉禁止资金进入投资领域。向亲朋好友借贷的可能性也不大，因为借款风险过高，而且借款人宁愿自己去投资而不是借给别人。下面介绍的是具有一定融资功能的投资产品，可以向证券公司、向优先受益级、向中间商借钱来投资。作为投资者来说，必须看到借钱投资的两面性，并清醒地审视自己的风险承受能力，如图 2-1 所示。

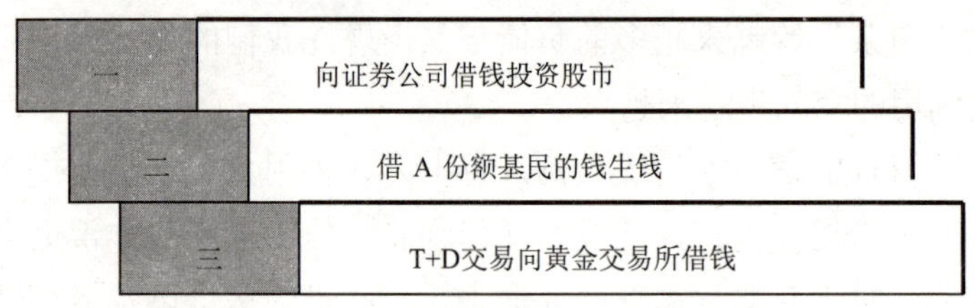

图 2-1　三种具有融资功能的投资产品

1. 向证券公司借钱投资股市

股票市场上的融资融券业务就是借给投资者一笔钱来炒股，一年只需支付 8% ～ 10% 的利息。王满在 2014 年 11 月份到证券公司开通了融资融券，并通过融资融券获得了更多的资金。王满认为融资融券是一笔非常合算的生意，比如，股市好的时候，谁都想投入更多的资金，抓住机会赚得更多。而证券公司出借这笔资金，拿到固定的收益，投资人和证券公司可以说是各得其所。

王满介绍说，他的证券账户中有自有资金 50 万元，按照上海证券交易所的交易规则，最高融入约 58 万元的资金。通过借来的钱他在交易操作中更加得心应手。对于资金量小的投资者来说，板块切换是一件很危险的事情，一旦节拍没有踏准，很容易出现“卖掉的股票涨不停、买进的股票跌不停”的情况。而利用借来的资金，即使满仓踏空，也能够迅速切换，抓住更多的机会。

但是，王满对于借来的钱也有着谨慎的态度。他一直记得在股市发生的“1·19 惨案”中，由于市场出现超跌，一大批使用融资融券满仓操作的投资者必须追加保证金，“子弹”空了的投资者被迫平仓，账面浮亏变成真实亏损，损失巨大。

证监会对融资融券业务设立的门槛为：客户的自有资金必须达到 50 万元；在进行融资交易时，持有的证券会被视为抵押担保物，并根据其市值按照一定的折算率换算成保证金。比如，投资者拥有 50 万元市值的证券，按照 70% 可以折算成 35 万元的保证金，如果再按照 60% 的保证金比例，最多可以买入约 58.34 万元的标的证券。一般而言，证券公司融资利率（年）为 8.6%，融券费率（年）为 10.6%，融资 1 万元 1 天约为 2.38 元利息。

2. 借 A 份额基民的钱生钱

买 B 基金是借钱投资基金的一种方式。从军工 B 到券商 B，行情火爆的 B 基金产品吸引了众多投资者的眼球，也让很多投资者黯然神伤。原因就在于，B 基金的杠杆既放大了收益，又放大了风险，让人又爱又恨。

B 基金产品复杂，其基本原理是低风险的 A 部分作为一只固定收益产品，约定每年获得基准收益，而高风险的 B 部分，则相当于融资，以支付一定利率为代价向 A 部分借钱，从而获取一定的杠杆收益。对于 B 部分来说，杠杆比例的大小主要取决于两个方面，一是 A 的基准收益，也就是融资的成本；二是 A 和 B 部分的份额比例，也就是融资的额度。

例如，市场上大部分杠杆基金 A 和 B 份额的比例为 1:1，也就是说 B 份额以 10 万元借 10 万元的比例向 A 份额“借钱”，这种比例下的杠杆比例也就是 2 倍。对于 B 基金来说，自筹资金 10 万元，加上借来的 10 万元资金，其收益或损失是由合计的 20 万元本金来创造的。因此，在牛市中，B 基金的表现就是收益为双倍，但是一旦行情下跌，损失也为双倍。

而 A 份额的投资者的收益是固定的，如一年期定期存款利率为 3%，只要整只基金不发生非常严重的亏损，A 份额的投资者就能赚得这笔收益。收益支付不一定是现金形式的，也可以是支付一定的基金份额。具体操作时，投资者选择适合的杠杆基金 B 份额并买入，其为此向 A 基金支付的“借款利率”为 6% 左右。另一方面，B 基金的杠杆最高为 2 倍，风险较高。

3. 向黄金交易所借钱

作为上海黄金交易所的特色产品，黄金、白银的递延交易的模式兼具了两个特点：一是可双向交易；二是有一定的杠杆。马泽是一家产品贸易公司的总经理，从事贵金属递延交易已经多年。马泽称：“‘纸黄金’、实物黄金的最大缺点是只能看多，金价一路上涨，这种产品非常好；但是这几年金价回调、震荡不断，能做多又可以做空的贵金属递延交易产品就非常适合市场的特点。”

在贵金属递延交易中，各家银行对最低保证金的比例设置在 15% ～ 20% 之间。投资者可以用自己的资金获得 5 ～ 6 倍的融资，借钱来炒黄金、白银。与融资融券、杠杆基金相比，5 ～ 6 倍的杠杆使得贵金属递延交易的风险更加放大。只要看对了方向，通过贵金属递延交易赚钱是非常快的，但是风险管理极其重要。

马泽从事贵金属递延交易始终坚持两个原则：一是从来不满仓，始终保持一定的资金在手；二是善于止损，一旦走势与自己的判断相背离，到达止损位置时立即进行平仓。目前，多家银行都代理黄金、白银递延交易业务，在银行即可办理开户。其中，黄金、白银递延业务的起始交易门槛为 1 手 1 000 克，对资金要求量较高。

“花明天的钱，享受当下生活”以及“用别人的钱为自己创造财富”是借钱举债的核心魅力。无论借钱举债的原因是什么，都要选准最合适的渠道。谨慎评估自己是否有与借款金额相匹配的偿还能力，同时将风险控制在自己和家庭可承受的范围内都是理性借贷的关键。

“每月还款一般不高于借款人或借款人家庭总收入的三分之一”是西方银行审核借款资格的依据标准。而国内银行理财专家建议，偿还能力评估可根据家庭的资产负债比率（家庭债务与家庭资产之比）及每月还贷比（每月还贷额与家庭月收入之比）进行判定，若两个指标均在 50% 以下是较为安全的，如果保守一些，则可将上述两个指标控制在 30% 左右，同时预留一部分高流动性资产。

“利率高的贷款尽量不借，要借也尽量只借短期；利率低的贷款尽可能地利用，但不是单纯为了借钱而借钱，为了负债而负债是最聪明的借款原则”。对于大部分人来说，最需要借贷的时候应当是机会来临时。

二、价值投资

博爱新开源制药股份有限公司于 2010 年 8 月在深圳证券交易所创业板上市，成为一只化工股。受到行业周期影响，该公司在2013年的利润环比、同比增长均为负，2013 年第一季度每股收益仅 0.04 元。新开源公司自从上市到现在，股价大幅下跌，仅为上市之初股价的 65%。尽管创业板已经从 585 点涨到 1 200 点，涨幅超过一倍多，但是新开源的格局依然不容乐观。

若是投资者不懂得什么是价值投资，持有大量这样的创业板股票，那么创业版本轮翻了一番的行情对投资者来说没有任何意义。

万科 A 股的情况则与新开源有所不同。万科集团自 1991 年上市到现在，股价上涨已经超过上百倍。众所周知，近 10 年来，房地产市场蒸蒸日上。万科集团作为房地产企业的领头羊，业绩始终保持增长，而这种增长也势必会反映在股票价格上。

从新开源与万科两家公司案例可以看出，尽管 2013 年创业板的市场环境非常好，但如果没有公司良好的业绩支撑，股票不会轻易涨上去。而行业景气度高、自身业绩良好的公司就算处于大盘下跌通道，它的前途也是一片光明的。价值投资的力量由此显现。

每一位投资者都希望自己的股票可以低进高出，但是低进高出的依据是什么呢？众多投资大师的成功经验表明，以价值为驱动可以获得良好的成效，价值投资可以保证长期稳定收益。股价一般都是围绕公司价值波动而波动的，如果不研究公司价值，就不清楚股价波动的原因。

很多投资者一说价值投资，就会提到“长期持有”的概念。价值投资一般都是长期持有的，但是长期持有股票不一定是价值投资。价值投资的核心是买入价值被低估的股票，投资周期则随估值的变化而定。

英国著名的基金经理和投资人安东尼•波顿（Anthony Bolton）被业界奉为“欧洲的彼得•林奇”。他曾经在富达国际有限公司长期担任董事总经理兼高级投资经理职位，他管理的“ 富达特殊状态基金”（Fidelity

Special Situations Fund）在近 30 年里达到 20.3% 的高复合增长率，比同行以及同时期英国基准股指 7.7% 的增长率高出很多。

波顿一直推崇“反向操作”的投资理念，从来不会盲目追踪热点股，而是将自己全部的精力用于寻找那些正处于“特殊状态”的公司。波顿认为，“‘特殊状态’公司就是那些价格相对于资产、股利或者未来每股收益而言具有吸引力，还具备其他特色、有可能对股价产生正面影响的公司”。

除此之外，波顿在自己的专著中重复最多的一个词就是价值投资，“那些价值没有被发现的股票自然是我们的投资首选，还有那些可能具备并购题材的股票也属于‘特殊状态’公司”。一项统计数据显示，波顿平均持有一只股票的时间仅仅为 18 个月。他指出：“我们总是在重复发现价值股票、持有至充分估值后卖出、再转向另一只价值股票的过程。”在实际操作中，波顿何时卖出股票完全取决于估值状态，有的股票持有五、六年，有的只有几个月。

波顿是价值投资的坚定奉行者，他告诉我们，价值投资不一定是长期持有。价值投资的核心应当为买入价值被错误低估的股票，被低估值的原因是市场恐惧、市场不够理解等。有一些低估值公司正处于高速成长期，持有这一类股票的时间可以适当延长。

由于公司的经营环境一直都在变化着，所以一些公司有可能无法实现长期高速增长。一旦公司本身以及经营环境都发生了重大变化，或者股价下跌真实反映了公司未来成长价值低的时候，就应当果断放弃持有的策略。

巴菲特与中石油的案例几乎人尽皆知。当时，巴菲特买入中石油两年后，发现中石油股价所隐含的石油长期价格已经超过了 100 美元，他立即将手中持有的股票清空。在巴菲特卖出股票时，中石油还是“亚洲最挣钱的公司”，而且当时石油的期货价格一度被推升至 200 美元以上。然而，巴菲特看出原油价格已经脱离了基本供需关系，处于金融资金的控制之下，处于泡沫之中，因此做出非常明智的抉择。

投资者应当注意的是，价值投资的标准是股票被市场错误的低估。相反，有些板块本身估值很低，但却与价值投资无关。比如，目前的钢铁板块，很多个股股价在 2 ～ 4 元之间，远远低于每股净资产，可谓是低估值。但这种低估值反映的正是钢铁行业产能过剩、投资效率低、无序竞争的现状。

还有一个俄罗斯的案例也证实了这个道理。在 2013 年年底，俄罗斯 RTS 指数的 PB 下跌到 50%，PE（市盈率）则为大约 6 倍。从政治形势等方面来看，当时的东欧形势足够稳定。因此，大部分投资者认为这应当是一个不错的投资机会。

做出投资决策的时候，投资者忽略了一个问题。那就是自己对俄罗斯市场没有什么了解，对其政治、经济不稳定的状况也没有足够的认知。尽管有伦敦的投资分析师提醒“俄罗斯资本市场历来不稳定，就算便宜也最好不买”，但是大多数投资者依然为其低估值心动。结果，在 2014 年，由于政治动荡和油价下跌带来的双重打击，俄罗斯股票市场以美元计价的 RTS$ 指数下跌了 45.2%，估值也大幅下降到 30%PB、3 倍 PE 左右。

从以上案例中可以发现，在变幻莫测的国际资本市场中，便宜不是投资的理由。改革开放以来，我国经济高速发展、政治稳定有序，中国内地资本市场的投资者只要买入资产的价格不贵，总是能够获得不错的回报。然而，随着中国经济长期增速逐步下降，便宜的资产不一定能成为优质的资产。只有优质而便宜的资产才能为投资者带来更加稳妥、丰厚的回报。

另一方面，极度便宜的资产的低估值有时能够抵消基本面的一些负面作用，比如，当前俄罗斯市场的估值对投资者的强大吸引力。在 1997 年亚洲金融危机时，国际资本市场中主流股票指数达到 0.3 倍 PB 估值，而在随后的 1 年中，泰国 SET 股票指数最高上涨了大约 150%，在之后的 15 年中则上涨了大约 8 倍。

很多人通过研究巴菲特、芒格等价值投资大师，试图寻找价值投资中的精髓部分，最终适度地简化、量化，找到了明确可以具体实施的投资策略。其中包括保本、安全边际、不可预测、成长、逆向思维、公司治理、保守、壁垒、长期持有、消费股等关键词。

如何才能实现这样深度的价值投资策略呢？“小精尖广新”是好的选股标准。在实行深度价值投资策略过程中，要注重五深：深选小市值成长企业；深选大消费吃、穿、药、用企业；深选第一或唯一企业；深等两低一高（PE/PB、股息率）出现；深入理解“小收益稳健如债券，大收益耐心顺自然”的思想，如图 2-2 所示。

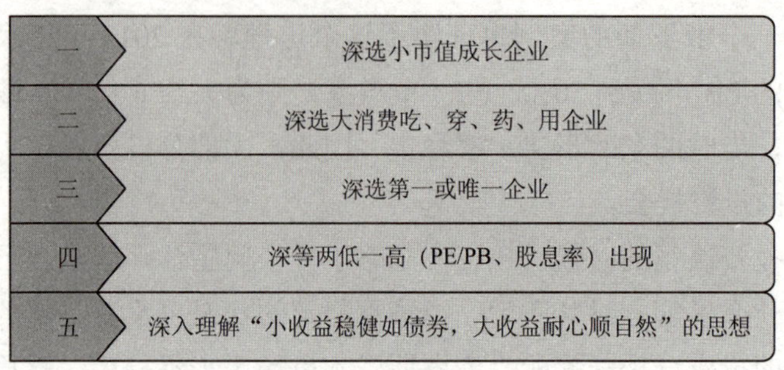

图 2-2 深度价值投资策略中的“五深”

深度价值投资理念需要融入性格深处，唯有深刻、深度，刻骨铭心才可能化繁为简轻松投资。如果明白深度价值投资的全部意义，投资者就可以将自己的所有行为自然而然转换到与大众情绪相反的一面，并且很习惯地、很敏锐地去运用大众的错误来为自己赚钱。

好的投资，达到一定的境界，就成为一种好习惯。由于中国股市波动比较大，每 3 年就可以遇到红利股的深度价值，每 5 年就会有深度价值企业股价至少翻倍的机会。随着未来公司治理进步和监管部门的鼓励，上市公司分红比例或有所增加，这对于挖掘深度价值的长期投资人而言是福音。投资是一场心理、耐力的较量，这个思维模式的探索就是：步步为营的踏实投资，稳定情绪，保持好的心态，增强获利自信，迎接更好的利润。

三、理财误区：理财产品种类太多

很多人走出学校，步入社会后成为白领。然而，有些人工作三五年后发现自己辛苦工作的钱只够日常所需，根本没有剩余资金做进一步的发展。而另一部分白领经济充实，发展猛进。为何会有如此大的区别呢？关键在于投资理财的方法，只要运作得当，就可以在资金不足的情况下，获得飞跃性地发展。

2015 年已经过去，面对崭新的 2016 年，都应该懂得这个道理：不要拼命地为了赚钱去工作，要学会让金钱拼命地为你去赚钱。不然，想要在钟意的城市里拥有一套自己的房子，简直比登天还难。那么，大家该如何规划 2016 年的理财投资呢？结合前两年的金融投资市场发展特点，我们盘点了未来一年的几大热门投资领域，希望为大家提供参考，如图 2-3 所示。

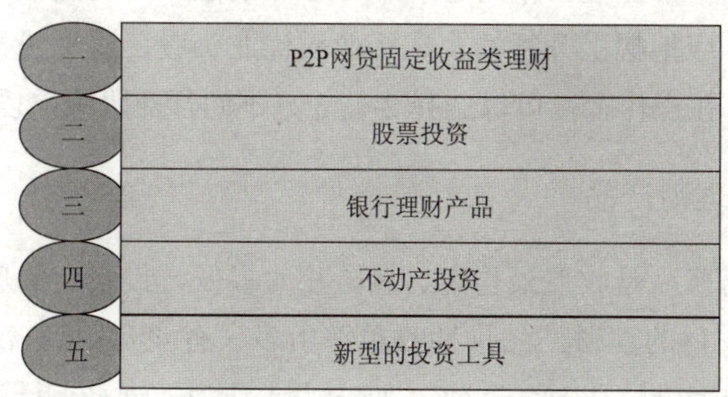

图 2-3　2016 年热门投资领域

1. P2P 网贷固定收益类理财

近年来，互联网金融成为投资市场中人们青睐的对象，P2P 固定收益类理财产品成为整个互联网金融中的一匹大黑马。这种理财方式操作简单，流程方便，直接把线下的民间借贷转移到互联网上进行。P2P 固定收益类理财产品具有非常大的优势，投资者本身不需要太多的投资经验以及专业知识，只要选择了对的平台，直接在互贷网上进行投资即可，其余的事情都会由专业团队进行操作。

P2P 固定收益类理财是当前互联网上最热门的个人理财产品，这类产品的优势是投资门槛低、收益较稳定、安全、流动性较强。比如，印子坊，投资门槛只有 100 元，一年投资期限收益 20%，奖励 1.5%。如果投入 10 万元，一年期满可获本息共 123 000 万元。与银行一年定期 2.75%、活期 0.35% 的利率相比，优势非常明显，因此很多理财师也都建议用来做个人或家庭的基本资产配置。

2. 股票投资

2014 年的股市是一个非常生动的投资理财事件。2014 年 12 月的第一周，A 股单日开户数暴增，成交量过万亿。那一段时间，沪深两市行情火爆，屡创纪录，这一波行情注定要被历史所铭记。对于这股强势上攻的"牛势"，股民们欣喜若狂，俨然有"全民炒股"的发展态势。

从 2014 年下半年以来到 2014 年年底大盘破 3 000 点为止，股市开启了多年未见的牛市征程。相比之下，2015 年的股市可谓是跌宕起伏。对于投资者而言，应把握上升行情，选行业质优龙头股，避免选择“夕阳”行业股票。另外在操作上，可以选择 2 ～ 3 只不同行业股票，以分散风险。

3．银行理财产品

银行理财产品是收益最稳定、风险相对最低，最安全的理财方式。国有商业银行发行的理财产品预期收益率大多只有 4%，只有部分中小银行理财产品收益率维持在 5% ～ 6%。业内人士认为，未来市场资金面将持续偏宽松，这会导致银行理财产品整体收益率下行，且可能持续一段时间。但对于个人理财者来说，银行理财产品不需要投资者有太多的专业性，也不需要花费太多的时间，且收益稳定，是一种值得信赖的理财方式。

最新统计显示，2015 年 12 月 10 日在售预期年化收益率在 5.0%（含）以上的银行理财产品共计 18 款，其中 4 款产品预期年化收益率在 5.6%（含）以上。不过，银行理财市场仍显现出一丝年底的迹象。

据某理财网站银行理财系列指数统计，截至 2015 年 12 月 18 日，银行理财综合收益指数为 4.99%，较修正后的前一期数据上行 2BP；国有商业银行理财产品指数为 4.54%，下行 1BP；中小银行理财产品指数为 5.19%，上行 4BP；短期限理财产品指数为 4.90%，上行 2BP；中长期理财产品指数为 5.11%，上行 1BP。收益率回升或表明银行理财市场已经进入年底模式。

4．不动产投资

世界银行曾经在 2014 年年底发布《中国经济简报》，将中国 2014 年的增长预测下调至 7.4%，并预计 2015—2016 年的 GDP 平均增速将下降，其中，2016 年将降至 7.1%。事实上，每一次中国经济陷入下行周期之时，房地产跟着就由调整转入上行，时间多则 2 ～ 3 年，短则 1 年半。中央政府通过多轮货币、财政、税收、房地产、投资的政策刺激，让房地产成为中国经济“软着陆”的安全气垫，平稳度过。

除了北京、上海、广州、深圳等一线城市之外，业界普遍不看好房产投资的未来。但是，国外的不动产仍有很大的投资空间和投资机遇，如个别热门旅游目的地国家，房价相比国内仍属于令人惊讶的"低价"，是非常值得考虑的价值投资机会。另外，国外房地产投资通常还伴随着诸多附带的优厚条件，如投资即可取得投资地的国籍、绿卡等。投资以后，投资者在这方面也可享受投资地国家护照在全球使用上的方便。

5. 新型的投资工具

比特币是近几年刚刚兴起的理财投资品种，但是风险很大，还容易受到国家政策面因素的影响。这类新型的投资工具前景还不够明朗，属于非主流的理财投资产品，所以投资者应当谨慎对待。

尽管投资理财工具繁多，一时间无法一一说清楚。但是以上 5 种是当前人气最高的理财投资渠道。倘若你想在 2016 年有个好的投资开始，首先应看看这些投资渠道，争取稳妥地赚下 2016 年的第一桶金。在选择投资渠道时，投资者常常会陷入三个误区，如图 2-4 所示。

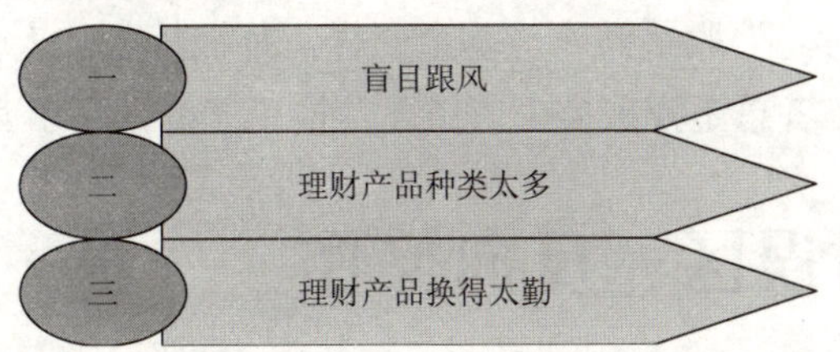

图 2-4　投资者经常陷入的三个误区

1. 盲目跟风

理财产品五花八门，各种类型都有。但是不同类型的投资者一般有不同的投资理财方式。激进型的投资者适合买股票和基金、黄金白银之类的理财产品；稳健型的投资者适合投资国债、银行理财产品和 P2P 互联网金融产品。投资者都知道，理财产品的收益和风险是成正比的，所以在理财过程中要根据自身的情况选择适合自己的理财投资方式和产品。

有一些投资者喜欢盲目跟风，总是跟着别人买。别人向其推荐什么产品，他就购买什么产品。但是这种行为是错误的，因为别人可以承受上万元的损失，但如果你是工薪阶层就无法承受巨大风险；别人可能买得起信托产品，但由于投资起点高，并不适合自己。所以说理财要选择适合自己的产品，千万不要盲目跟风。

2. 理财产品种类太多

虽说都懂得“把鸡蛋放在不同的篮子里”可以降低风险，但是在投资理财时也不要太过于分散。有些投资者有十多只基金，如此多的基金需要很多的时间和精力才能一一照顾好。选择基金最好不要超过五只，还有股票、P2P 平台等产品投资也不要过于分散。很多 P2P 平台的投资对于大额资金投资有大额奖励，如果集中投资操作，则更加方便管理。

3. 理财产品换得太频繁

基金、股票等理财投资产品一般都需要以长远的视角来看，不要看短期收益，尤其是基金。很多投资者只关注短期收益，无法长期坚持下来。台湾基金定投教母肖碧燕说过：“基金就是要傻傻地买，聪明地卖，但是定投一定得坚持。”股票操作与基金一样，都锻炼人的人性和耐力。一些耐心不够的投资者总是换来换去，结果是捡了芝麻，丢了西瓜。

四、理财误区：反向操作

2016 年开年，全球金融市场发生了连环踩踏惨案，亚太、欧美股市大跌，A 股市场是跌宕起伏，让投资者感到惊心动魄。面对 A 股市场，很多中国股民发出这样的感叹，“我真的越来越不理解股市了。”美国股市也不容乐观。美元在升息的同时却在贬值；明明就业形势已经有所好转，经济形势却始终不好，美国股市显得很异常。

美国分析师在研究报告中表达了自己的无奈之情，称：“客户如果能够与我的研究团队提供的建议反着做就能够成功。”这位直抒胸臆的理财分析师就是摩根士丹利著名的首席美国股票策略分析师亚当·派克（Adam Parker）。业内人士对于派克的直言感叹道：“他这不是在砸自己的牌子吗？他疯了吗？这真是个国际玩笑！”派克因此被媒体评为“华尔街最直率、最坦诚的分析师”。

事实上，反向操作法如果操作得当，是一种最获利的手段之一。反向操作投资是指那些与市场上大多意见相反，操作方向与当前大趋势不同的投资。当大部分投资者在积极抛售股票时，反向操作者会择机买进。在实际操作的时候，“低价时买进，高价时卖出”是反向操作法一般遵循的原则。

在美国基金界，亚克曼资产管理公司的创始人唐纳德·亚克曼（Donald A.Yacktman）是一位反向投资大师。亚克曼的“低价买入成长股（Growth At a Low Price）”的策略非常出名，他也因此被称为“GALP 型投资人”。

亚克曼曾在哈佛大学商学院进修，获 MBA 学位。1968—1982 年，亚克曼与朋友合伙创立了芝加哥史坦罗伊公司（Stein Roe &Farnham），并担任其投资组合经理；1982 年，亚克曼加入了精选财务服务公司（Selected Financial Services），为其管理精选美国股份基金（Selected American Shares Fund）。连续 10 年里，亚克曼管理的基金年均收益率超过标普 500 指数 1 个百分点。1992 年，已经 50 多岁的亚克曼自立门户，创立了亚克曼资产管理公司。

自 1992 年亚克曼资产管理公司成立以来，亚克曼无数次见证了股市泡沫的破灭。在 2000 年以前，亚克曼基金的表现始终落后于标普 500 指数 15 ～ 20 个百分点，这让亚克曼的名誉遭受严重打击。然而，2000 年，亚克曼基金超越标普 500 指数 22 个百分点，让人惊讶不已。一直到 2001 年 7 月，亚克曼基金的年投资收益率超出标普 500 指数 35 个百分点以上，证明了亚克曼的投资法则是足够优秀的。

无论是在 2002 年爆发企业信用危机之时，还是在 2008 年爆发全球金融危机之时，亚克曼一直坚定着自己的投资理念，坚决投资那些不被市场看好的高品质公司。截至 2011 年 6 月，亚克曼旗下的两只共同基金——亚克曼基金和亚克曼核心基金的年均收益率分别达到 12.26% 和 11.20%，相比之下，标准普尔 500 指数年均仅上涨 2.70%。

当市场都朝一个投资方向蜂拥而至时，亚克曼带领他的基金坚定地走上了另一条道路。早在 20 世纪 90 年代末，科技处于异常繁荣时期，亚克曼却主张配置非技术小盘股从而导致基金业绩滞后，大多数投资者都弃之而去。然后，互联网泡沫破裂，亚克曼的优势才逐渐显现出来。当美国股市自 2003 年重新步入牛市后，亚克曼坚持持有消费类股票，基金业绩在之后几年一直落后于同行。当 2008 年市场受到重挫之时，亚克曼再次取得胜利。

从长期来看，亚克曼的投资记录是非常成功的：亚克曼基金 10 年内年均收益率为 12%，在美国所有的多元化股票基金回报排名中占到前 1%。为什么当其他基金走下坡路时，亚克曼基金收益却保持飞速增长呢？主要原因是亚克曼敢于等待泡沫的破裂，然后挖掘真正的价值股，虽然这种等待可能长达 10 年。在等待过程中，亚克曼更喜欢那些能够产生稳定现金流的股票，这种股票可能在股市火热时，产生的回报却是不冷不热。

亚克曼称："我们表现最艰难的时候就是市场开始咆哮的时候。而当价值股失去市场青睐时，我们则极其兴奋地开始买入了。"亚克曼的这种策略在金融危机中成效显著。

2008 年年初，大部分价值型基金都陷入了财务周转问题中。当时，亚克曼持有的蓝筹股是可口可乐和微软。2008 年 3 月，亚克曼的投资组合中，现金占据了 25%。在美国股市暴跌之时，亚克曼基金低价买入了娱乐公司自由媒体、零售商连锁店以及次级汽车贷款公司。这三只股票在之后的一段时间都开始反弹。

业内人士评价称，亚克曼的投资策略就像是在买债券一般简单，即主要集中精力研究公司的信用质量、估价和未来现金流量。关于反向操作策略，还有一个流传很广的故事：

一位老奶奶在某个证券营业部旁边看管自行车。这位老奶奶既看不懂 K 线图，又不关注各种小道消息，还没有用来投资的大额资金。但就是小打小玩，这位老奶奶却赚得了巨额财富。当别人赚钱的时候，这位老奶奶也能赚钱；当别人亏钱的时候，她仍然能保持盈利。众多股民希望达到却达不到的状态，这位老奶奶却轻轻松松达成了。

很多投资者花费大把时间和精力拼死拼活的盯盘，每天关注各个领域的新闻资讯，甚至整天呆在营业厅，避免错过最佳股票买点，付出这么多，最终还是亏了很多钱。为什么一位什么都不懂的老奶奶却如此厉害呢？这就与反向操作炒股策略有关系了。

由于每天看管自行车，当老奶奶看到证券营业部门口自行车少时，便知道股市行情不好，甚至到了最低点。于是，她觉得买股票的最佳时机来了，便做到了低点买进。相反，当她看到自行车太多，甚至没有地方停放时，便知道股市行情好，正处于高点。于是，她觉得卖股票的最好时机来了，于是将股票全部抛售，做到了高点卖出。

老奶奶在投资的过程中，很好地利用反向操作策略，因此玩得风生水起。反向操作就是实行与大众心理相反的操作：大众追涨的时候不买；大众纷纷抛出的时候，依然保持冷静。反向操作最忌讳跟风投资。但很多投资者都做不到。因为在股价大涨时，很少有投资者愿意卖出。

对于大众投资心理，理财师做出分析，“大众大都是‘抢涨杀跌’的，普遍具有盲目性，做不到冷静的通盘考虑。当股价越涨越高时，风险越来越大，此时大众却充满信心；当股价越跌越低时，风险越来越小，此时大众却非常担心，急于卖出股票。”如果运用反向操作炒股策略，当大众卖出的时候，你大力买进；当群众抢进的时候，你大力卖出，这样就可以做到像老奶奶一样赚钱。如此一来，只有赚多赚少的问题，但却是稳赚不赔。

嘉丰瑞德金融理财机构研究表明：“反向操作策略的可操作性非常大，如果运用好，不管在牛市熊市，都能赚钱。即便是不懂股市投资的新手投资者们，只要关注那些有专业人士操作的间接投资股市的热门投资品种，也能做到稳赚不赔。”下面是针对投资者反向操作提出的四项建议，如图 2-5 所示。

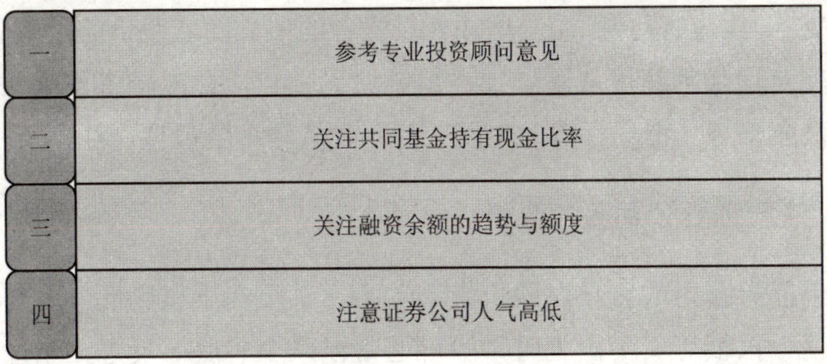

一	参考专业投资顾问意见
二	关注共同基金持有现金比率
三	关注融资余额的趋势与额度
四	注意证券公司人气高低

图 2-5　针对投资者反向操作的四项建议

1. 参考专业投资顾问意见

一般来说，专业的投资顾问都是支持客户低买高卖的。然而现实生活中的很多投资顾问却经常做出相反的建议。因此，当大多数理财投资刊物看法乐观之时，意味着市场行情趋近顶峰，当大多数理财投资刊物看法悲观之时，意味着市场行情接近谷底。

2. 关注共同基金持有现金比率

共同基金持有现金比率可以预示股价涨跌。共同基金投资组合中持有现金增多代表着股价即将下跌；共同基金投资组合持有现金减少代表着股价即将上涨。因此持有现金的比率可以作为一个指标，当现金持有比率非常高时，往往股价已接近谷底；反之，当现金持有比率非常少时，股价往往接近顶点。

另外，共同基金中的现金持有数与前三个月累积要求购回数的比率也可以作为参考指标。因为基金在股价下跌时，都会有赎回压力，因此若现金持有数与前三个月累积要求赎回数比率大于8倍时，基金购回的压力较小；当此比率小于或等于8倍时，此时购买的能力较小与较大的卖压，总是会导致股价下跌。

3. 关注融资余额的趋势与额度

投资余额与投资者的信心的增减有直接联系。在股价的循环中，从谷底开始复苏时，融资余额缓慢增加。投资者的信心随着股价的上涨而增强，融资额度及增加的速度逐渐增加，最终达到顶点，此时融资部分成为股票的重要供应来源。市场行情发生反转时，融资较多的股票，往往跌幅最重。

4. 注意证券公司人气高低

如果证券公司的客户对股价漠不关心，甚至在下棋聊天，而与投资相关的书籍、报纸等卖不出去时，股价通常已跌至谷底。反之，当证券公司人气沸腾，一开盘即全面的涨停板时，股价通常接近高峰。“人弃我取，人取我予”与“人不凑在一起时才是购买时机”的证券俗语是反向操作的最佳写照。

中　篇

财商思考

第三课

理财战略：钱生钱的几何思考

你对自己的现状满意吗？你甘于平凡，只能对他人拥有巨额财富羡慕不已吗？你是没有理财目标不懂理财的“咸鱼”一族吗？你是否不想做“咸鱼”，却不懂得如何才能翻身？下面，我们为你总结了五步投资理财战略。

第一步：改变懒散的赚钱心态

对于非专业投资者，收入分为工资收入和投资收入两种，而工资收入是最直接的收入。对于大部分非专业投资者来说，想要通过理财翻身，就需要进步自身的工资收入。而进步工资收入最重要的就是先改变懒散的赚钱的态度。只有这样，工资收入才能带动其他投资理财流动。

第二步：培养赚大钱的理想

拿破仑有一句名言是：“不想当将军的士兵不是好士兵”。在投资理财中，这个道理同样适用。改变了懒散的赚钱态度以后就要开始培养赚大钱的理想。要想成为巨额财富的拥有者，首先就要将有钱人作为奋斗目标。对于理财，省钱和储蓄等方法只能赚小钱，通过购买理财产品在一年内拿到几万元的收入等才是理财的最好手段。

第三步：将赚钱目标数字化

很多人都有理财目标，然而一些人的理财目标是“赚钱”。当然，赚钱的目标不是错误的，但是过于虚化和笼统。理财的目标应该是详细的，比如，一年内买车，两年内买房这样的明确目标。理财目标应该体现出在几年内完成怎样目标的信息等。“咸鱼”一族要想翻身，就必须树立一个明确、详细的理财目标，之后才能通过具体方法实现自身的理财目标。

第四步：对自己的财务状况和风险偏好有深入了解

无论是理财大师，还是投资新手，都理应清楚了解自己的财务状况。全面了解自己的财务状况有利于制定一个适合自己的投资理财方案。因此，在进行投资理财之前，“咸鱼”一族应对自身的财务状况进行具体的了解，包括自己的可用资金、资金风险承受能力如何等。

第五步：制定适合的理财方案

理财方案是投资理财的最关键部分。理财方案的制订不仅要考虑到当前国家宏观经济形势，还要根据家庭的基本财务状况、收支情况和个人的风险偏好等因素综合考虑。比如，如果自身资金较少，承受风险能力低，就适合选择稳健的投资方式，如银行国债、稳利精选基金的固定收益率产品等。

理财方案的制订还需要一定的专业理财知识，否则就不能保证方案的公道。对于缺乏专业知识的“咸鱼”一族来说，可以向专业理财师或者第三方理财机构进行咨询。想要获得成功，就必定要承受比他人更大的压力，坚持理财，不断学习，就会有取得回报的一天。

一、几何算法

相信大家都听过“吃了熊心豹子胆”这句口头禅，这句话一般用来形容不惧危险，胆量巨大的人。豹子是一种胆大心细的动物，擅长分析和思考。豹子在捕食猎物时，会考虑自己的付出是否值得。比如，豹子不屑于追捕兔子之类的猎物，因为它知道追一只兔子和追一只羊、一只鹿所消耗的热量成本是相当的。因此，在成本相同的情况下，豹子会选择回报更高的猎物。

在理财投资时，豹子“精打细算”的数学思维是非常有价值的。在投资期限、风险等要素几乎相同的情况下，收益高的投资品种是最好的选择。比如，国债和储蓄的风险性相当，但收益却有一定差距，这时应当向豹子一样，经过计算分析，最终选择回报高的国债。投资标的共有四种类型，通过概率论和数理统计中关于期望值计算的公式可以分析出来。

第一类是成功概率很高、成功后收益率中等，失败概率很低、失败后亏损率很低的投资标的；第二类是成功概率很低、成功后收益率很高，失败概率很高、失败后亏损率很高的投资标的；第三类是成功概率中等、成功后收益率很高，失败概率中等、失败后亏损率很低的投资标的；第四类是成功概率很高、成功后收益率很高，失败概率很低、失败后亏损率很低的投资标的。

一个成功的投资者是像豹子一样擅长数学思维的。他们一定会抓住第一、第三、第四类机会，并且对于第四类机会进行重仓出击。哈佛商学院教授对 8 种投资理财中可能遇到的情况进行了分析，证明了数学思维的重要性。

1. 收益率

假如你有 1 000 万美元，收益 100% 后，资产达到 2 000 万美元。如果接下来亏损 50%，资产就回到原来的 1 000 万美元。很显然，赚取 100% 比亏损 50% 困难得多。

2. 涨跌停

假如你有 1 000 万美元，第一天涨停板后资产达到 1 100 万美元，然后第二天跌停，则资产剩余 990 万美元；相反，如果第一天跌停，第二天涨停，资产还是 990 万美元。

3. 波动性

假如你有 1 000 万美元，第一年赚 40%，第二年亏 20%，第三年赚 40%，第四年亏 20%，第五年赚 40%，第六年亏 20%，资产剩余 1 405 万美元。这样一算，六年年化收益率仅为 5.83%，比五年期凭证式国债票面利率还要低。

4. 补仓

如果你在某股 100 美元时买入 10 万美元，如今跌到 50 美元再买 10 万元，持有成本可以降到 66.7 美元，而不是你所想的 75 美元。

5. 持有成本

如果你有 1 000 万美元，投资某股票盈利 10%，当你将持有股票卖出的时候，可以试着留下 100 万美元市值的股票。这时，你的持有成本为零，接下来你可以没有压力的长期持有。如果你看好这家公司的未来发展，也可以留下 200 万美元市值的股票，这时你的盈利由 10% 提升到了 100%。

但是，如果此时股票下跌超过 50%，你就有可能面临亏损。

6．资产组合

现有年利率为 5% 的无风险理财产品 A 和年利率为 20% ～ 40% 的风险理财产品 B，如果你有 1 000 万美元，你可以投资 800 万美元的理财产品 A 和 200 万美元的理财产品 B。这样一年下来，你最差的收益可能为零，而最佳的收益可能是 12%。应用于保本基金 CPPI 技术的雏形就是这个原理。

7．赌场盈利

通过分析某赌场 1 000 个数据，发现在赌博中，胜负的概率为 53% 与 47%。其中，赢钱离场的人平均盈利 34%，而输钱离场的人平均亏损 72%。因此，赌场并不需要做局盈利，只要保证赌博的公平公正，依靠人性的弱点就可以持续盈利，股市亦是如此。

8．每天 1%；每年 200%；10 年 10 倍

假如你有 100 万美元，每天只需挣 1% 即可离场。那么，以每年 250 个交易日计算，一年下来你就有 1 203.2 万美元的资产，两年后你就可以坐拥 1.45 亿美元。

假如你有 100 万美元，连续 5 年每年 200% 收益率。那么，5 年后你会拥有 2.43 亿美元的资产。但是，这样的高额收益根本无法持续。

假如你有 100 万美元，希望 10 年后达到 1 000 万美元，20 年达到 1 亿美元，30 年达到 10 亿美元，那么你需要做到年化收益率为 25.89%。

如果投资理财不会算计，迟早要将财产损失殆尽。精打细算和规划对于投资理财生活是非常重要的。算计、精打细算和规划与数学思维息息相关。小到生活中的油盐酱醋，大到购买房子，计算首付，还需贷款多少等都需要运用数学思维来思考。

有人将投资理财比作下围棋、练太极拳，几者有异曲同工之处。它们的招式都不多，但是需要不断实践和总结，坚持不懈，然后再推陈出新，想出更多更有效的技巧来。投资理财中有四个数学思维，投资者应当深入学习，如图 3-1 所示。

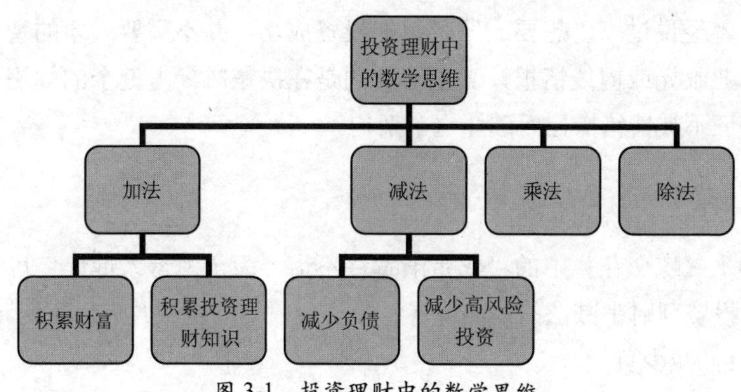

图 3-1　投资理财中的数学思维

1. 加法

投资理财凭借的就是积少成多，因此需要做加法。其主要包括两个方面：一是积累财富；二是积累投资理财知识。

（1）积累财富

如何积累财富呢？“理财有道”非常重要，即在有规划的情况下才能增加财富。首先，要合理规划生活的开支，做到合理的消费，懂得更好的花钱，才会知道更好地赚钱。比如，月薪 4 000 元的人想买 6 000 多元的苹果手机，那么他就会努力赚钱、存钱并通过理财攒够钱实现自己的愿望。

其次，合理规划好闲置资金。千万不要将自己的财富闲置在银行里，要尽量使用闲置资金提高资金的使用效率，使得财富增值；最后，学会投资自己。这是最重要的一点，比如，参加技能培训班提升自己的工作技能，为自己创造工作中的升职加薪筹码。从长期来看，投资自己也会使得财富增多。

（2）积累投资理财知识

当今社会的现实就是有钱的人财富越来越多，而穷人的财富越来越少。薪水族经常被通货膨胀吃掉定存利息，薪资的上涨根本无法赶上物价的涨幅。另外，市面上的投资理财产品越来越多，品种不断更新，如果中层阶级投资者不努力学习，而是选择跟风投资，胡乱选择理财产品，随时都会成为穷忙族。

所以，积累投资理财知识，学会钱生钱之道，会比人为赚钱更加轻松。

巴菲特曾经说过：“想要一辈子都能投资成功，并不需要天才的智商、非凡的商业眼光或内线情报，真正需要的是在决策时参考健全的知识架构，并且保证不被情绪操控而破坏这个架构。

2．减法

柳永《蝶恋花》中的“衣带渐宽终不悔，为伊消得人憔悴”可以很好地表达投资理财中减法的最高境界。投资理财中的减法共有以下两种：

（1）减少负债

减少负债首先要从减少信用卡消费开始。信用卡相当于是负债卡，就是在今天使用明天的钱，将未来的财富预支。每一次刷卡就是一笔负债的增加。一旦你没有在指定的日期内还债，就要承担 20% 以上的信用卡循环利息，背上债务。每个人手中有 1 至 2 张信用卡即可，平时购物时最好使用现金，尽可能减少负债发生的可能性。

（2）减少高风险投资

高风险的投资收益肯定相对较高。比如，股市投资的收益率大概在 30%～50% 左右，甚至有可能更高。期货、外汇等也是收益较高的理财产品。但是，这种高收益的产品是以高风险为代价的，一旦投资失败，很多人可能会因此而倾家荡产。

中产家庭的风险承受能力较好，可以配置 40% 的高风险投资，但也要保持谨慎，最好选择品牌知名度高、股东背景良好、无违规记录的上市公司的股票。但是薪水族的风险承受能力较差，投资理财要以稳健为主，在选择产品类别时，应当选择风险相对较低、安全性较高的产品。

3．乘法

“好风凭借力，送我上青云”的效果可以很好地形容乘法数学思维。这种数学思维是指善于借势、借力的思维。在投资中，乘法很常见。

第一种是配资。配资就是由个人或公司为股民提供资金进行炒股，你有 10 万元，我借你 30 万元，这样股民可以拥有 40 万元的大本金炒股，一旦赚钱就能赚得更多。

第二种是借势投资。比如，个人投资者担心自己参与股市投资风险较大，可能会被庄家牺牲，于是选择绑定机构投资，凭借专家的力量去赚钱。借势投资的收益也比较高，一般在 20% ～ 30% 左右。

第三种是通过第三方机构配置理财产品。一般来说，平台比个人在筛选理财产品时更加严格，在一定程度上从源头为投资者把控了投资风险。所以，投资者如果在投资理财中学会利用乘法数学思维，能够更快更好的累积财富。

4. 除法

在投资理财中，投资者应当用除法思维丢掉一些不好的理财习惯，比如，无节制消费、赚多少花多少、只追求高收益的投资产品，不重视应急储备金等。不好的理财习惯会影响财富增值。使用除法思维还可以筛选出高质量的投资项目，比如，货比三家，通过分析对比找到最适合自己的投资项目。缩小投资规模、减少高风险投资等都用到了除法思维，尤其是市场行情不好的时候。投资者要谋求轻装上阵的除法效应，轻松做好投资理财。

二、建立你的储蓄基金

普通人都非常羡慕那些看起来有理财天赋擅长投资赚钱的大师级人物。同样的资金，同样的机会，一旦经过他们的手，就立即使得财富增值。难道他们付出了比常人更多的努力？难道他们天生拥有智慧？当然，有一部分原因在于此，但不完全是。事实上，投资大师们只不过是懂得了积累财富的秘诀，即首先进行原始积累，然后通过复利增值，一步步来实现自己的财富计划，扩大财富力量。

财富的原始积累是一个重要的起步阶段。富人们在积累原始财富的时候，得到生存创业的资本、获得实用的知识、熟悉社会现存资源、培养自己的沟通能力，为实现创富打下了坚实的基础。在原始积累阶段，勤劳与智慧是必备的资本。只有利用智慧和辛劳实现资本的原始积累，才能以此获得进入创业投资大门的资格和资本。

原始积累是通过投资理财进入财富之门的钥匙。从资本主义的发展史来看，原始积累是资本主义生产方式的前提和起点。而辛勤、努力地赚钱是理财的基础条件和前提。

想要通过投资理财获得财富，就必须在原始积累阶段努力挣钱。原始积累需要勤劳和智慧，只有这样才能迅速积累资本，跳脱原始积累阶段，尽快实现自己的创富规划。很多成功的经历验证了这一真理。

如今，戴尔公司是全球第三大个人电脑生产商，而创始人戴尔是全球500强企业首脑中最年轻的首脑。戴尔在少年时期就已显现出勤奋好学、干劲十足的优势。

戴尔8岁时看到一则推销广告，广告的内容是说经过一种专门考试可以直接拿到高中毕业文凭。小戴尔希望趁早解决自己的文凭问题，直接进入大学，便通过电话申请推销员上门服务。后来，这件事成为小戴尔闹的一个笑话，却也在很大程度上影响了他日后的商业操作理念。

几年后，戴尔又冒出一个想法：在集邮杂志上刊登广告，出售邮票。他立即行动并因此赚了2 000美元。戴尔用他的第一桶金买了一台个人电脑，为了研究电脑的工作原理，他将电脑反复拆了又装。

戴尔读高中时找到了一份推销报纸的工作。他将新婚夫妇作为目标，向他们发送电子邮件允诺免费赠阅报纸两个星期。这次他用赚来的1.8万美元买了一辆宝马汽车。上大学后，戴尔发现很多同学想买一台私人电脑，但由于市场定价普遍太高而放弃。戴尔心想，为什么要让经销商赚那么多利润呢？制造商直接卖给用户不行吗？

戴尔知道，经销商每个月从IBM公司获取的个人电脑数额是一定的，大多数经销商都因卖不完而积压存货，损失了大量利益。于是，戴尔以成本价购得经销商的存货，然后对电脑进行改良。戴尔的改良电脑受到了欢迎，产生了巨大的市场需求，很多商业机构、医生诊所以及各种事务所都是他的客户。

戴尔的父母担心戴尔的学习成绩因此受到影响，劝他毕业后再进行创业，然而戴尔认为有理想就应当马上行动，因此他没有听取父母的意见。一个月后，戴尔向父母说出自己决定退学，创办公司的决定。父亲问他的目标是什么，戴尔称：“和万国商用机器公司（IBM）竞争”。他的父母大吃一惊，认为这只是戴尔的幻想，一点都不现实。戴尔坚持己见，最终与父母签下协议：戴尔在暑假试办一家电脑公司，如果失败了，依旧回学校继续读书。

于是，戴尔用自己全部的积蓄创办了戴尔电脑公司。当时他只有19岁。戴尔公司的业务仍然是专门直销他改良过的IBM公司个人电脑。第一个月，公司营业额为18万美元，第二个月为26.5万美元。不到一年的时间，戴尔公司每月售出的个人电脑超过1 000台。

性价比高的改良产品以及优质的售后服务为戴尔公司赢得了广阔的市场。戴尔鼓励员工积极提出自己的想法，即便后来证明不可行，也会给员工一定的奖励。如今，戴尔电脑公司在全球16个国家设有附属公司，每年收入超过百亿美元。

戴尔最终能做出自己的事业，拥有惊人的财富，靠的不仅仅是对市场的预见和把握的智慧，还有勤奋。由此可见，一个追求财富的投资者首先要用勤劳和智慧武装自己，才有可能得到金钱的垂青，而这种优秀品质正在悄悄地打开财富之门。

年轻就是资本，对于大多数人来说，离开学校意味着刚刚步入社会。初入社会时，一切都是新的起点，日常收入水平可能不高，自然增长的后劲也显得不足，而且资金积累能力相对薄弱，但这就是个人理财的原始积累阶段。在这一时期的你不会有家庭负担，消费处于相对随意的阶段，职业生涯也还没有定型，但由于对未来的危机感较弱，因此会缺乏积蓄意识和迫切感。此时，理财规划主要是加强资金原始积累，拓宽收入来源等。

目前在广州政府机关工作的范晶大学毕业1年，24岁，单身，近期内不会考虑结婚。范晶的基本月工资为2 000元，目前与父母同住，每月交给父母1 000元的生活费，没有其他负债，但每月支付完电话费、学习费、服饰化妆品、休闲等费用后已经没有多少结余，基本上属于月光族。

几年前，父母将10万元存款存入范晶名下，一直都是银行定期存款，不进行其他投资。范晶白天工作，晚上进修研究生课程班，基本上没有多余时间进行投资理财。范晶计划研究生学业结束后，一边在机关上班，一边与朋友合作或雇人开女装专卖店。如果发现更加合适的资本运作途径，范晶会进行其他投资以使资金增值。

根据一般情况对于各种附加收入的推算，范晶目前的基本收入大约为3万元每年，假设其日常生活消费为2.2万元/年，实际资金积累为8 000

元 / 年。先有其父母赠予资产 10 万元银行存款，没有其他形式的资产或投资。尽管范晶拥有一定的存款基础，但资本自然增长的后劲明显不足，日常资金积累能力薄弱，总体上属于个人理财的原始积累阶段。下面我们对范晶在原始积累阶段提出了三项建议，如图 3-2 所示。

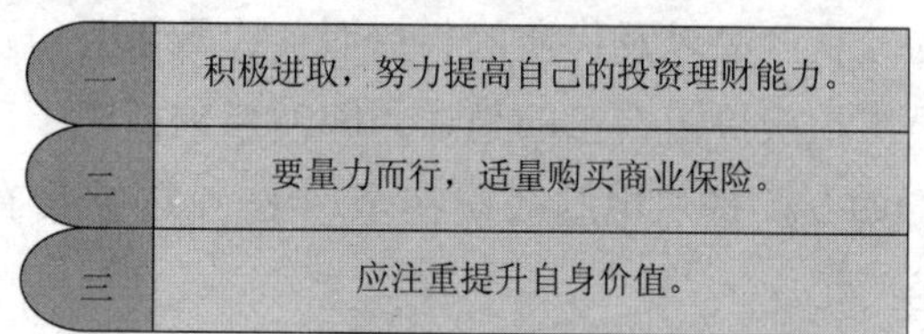

图 3-2　对范晶在原始积累阶段的建议

首先，积极进取，努力提高自己的投资理财能力。青年人应当积极进取，努力学习并掌握多种投资工具，可涉及实业投资、资本运作等领域。在入门阶段，涉及的投资领域不能孤注一掷，也不宜过于宽泛。

因此，范晶可以分为两个阶段，从低、中风险投资组合入手投资。在第一个阶段，按照存款、债券、基金分别占 4 万元、3 万元和 3 万元的额度比例进行组合运作；在第二个阶段，开始增加各种风险品种。应当在原有基础上慢慢地增加股票、投资型保险、实业经营等风险较高的投资项目。

其次，要量力而行，适量购买商业保险。当前，政府机关工作人员一般都有相对完善的养老、失业和医疗等方面的社会保障保险。在收入水平偏低、难以支付相对昂贵的商业保险时，原则上应以少为宜，并实行动态管理，可考虑购买针对女性特点的女性保障系列产品，每年应缴保费额度控制在 1 000 ～ 1 500 元左右。随着收入水平提高、家庭结构发生变化、年龄增长等，想要增加投入以取得更大的保障或投资回报时，就可以考虑增加保险品种和缴费额度。

最后，应注重提升自身价值。个人理财受年龄阶段性影响巨大。从一生理财的角度来看，20 ～ 30 岁之间的年龄阶段具有很强的增值潜力。因此，这一阶段关注的重点应放在继续深造、转变角色、提高层次上，逐步提升自我价值和投资能力，从而提高薪酬水平和投资收益。

三、建立帝国的秘密

巴菲特领导的伯克希尔 - 哈撒韦公司，是一家多部门控股、多元化投资的综合性大公司。伯克希尔 - 哈撒韦公司持续经营净收入 198.4 亿美元，营收 1 946 亿美元，堪称全球最赚钱的联合企业。自从巴菲特接手伯克希尔 - 哈撒韦公司的 50 年来，从每股账面价值 9 美元上涨到 20.9 万美元，公司市值增长了 1.8 万倍，是名副其实的全球股价最昂贵的财团帝国，市值年复合增长率为 21.6%，远远跑赢同期标准普尔 500 指数 9.9% 的年复合增长率。

伯克希尔 - 哈撒韦公司坚持多元化投资理财战略，涉及保险业、建筑业、地毯制造商、快速消费品，以及航空和私人喷气机业务。旗下的子公司包括美国第六大汽车保险公司 GEICO、世界四大保险公司之一 General Re、最大的非保险公司伯灵顿北方圣达菲铁路（BNSF Railway）以及服装制造商 Fruit of the Loom 等。同时，还投资包括富国银行、通用电气、IBM、American Express 以及可口可乐公司等。

表 3-1　伯克希尔 - 哈撒韦公司投资组合部分持股

投资对象	IBM	英特尔	维萨	富国银行	强生	卡夫
持股	6 400	933	229	36 137	3 745	8 975

自从接手伯克希尔 - 哈撒韦公司，巴菲特就定制了一系列管理体系，包括重视发散性思维，但反对不能有效预测的任何投资活动。伯克希尔 - 哈撒韦公司旗下成立子公司，独立运营各项业务，各子公司以及部门的管理者都有极度的自主权。公司总部只设立了一间小型行政管理办公室，公司的董事长、财务总监（CF0）及协助 CFO 的秘书、出纳、会计等都在此办公。

子公司是一个独立的整体，主要从事财产、伤亡保险业务，尽可能获得多的预期承保收益和额外浮动投资收益。各子公司有独立的管理和需求，因此，不单独设立总体系统范围的人事制度、股票期权制度、福利津贴制度、退休制度等。公司董事长的管理权力有限，不得参与过多项目。伯克希尔 - 哈撒韦公司以现金收购的方式发展新子公司，而不公开发行新股票。同时，

伯克希尔 - 哈撒韦公司承诺，绝不出售任何一家子公司。

选择新的子公司时，巴菲特最看重那些拥有充满激情、热爱事业并且坚持不懈的 CEO 的公司，并给予公道的价格。巴菲特不会将子公司的 CEO 调离到其他业务不相关的子公司，也不因年龄问题强迫子公司的 CEO 退休。同时，伯克希尔 - 哈撒韦公司的资产负债表保证健康，很少有未偿债务。

伯克希尔 - 哈撒韦公司总部只有 21 名工作人员。他们负责资本分配，为高管提供相应服务和帮助，例如，一些管理者尚未发现的更广泛的投资策略。伯克希尔 - 哈撒韦公司有超过 30 万名员工，分属于不同的子公司，有其各自的管理者。管理人员自主管理各自的业务，全权负责所在部门的所有经营决策，实现各自的收益，并将各自生成的多余现金调回总部。

当初巴菲特之所以买下伯克希尔 - 哈撒韦公司，就是因为从统计数字上看它的价格很便宜。在最初接手的 10 年中，公司几乎没有一点盈利，净亏损却在不断增加。然而，“雪茄烟蒂式的投资”最终还是大获成功，但这与当初公司依靠广告成名已经没有一丁点关系。靠着白手起家，巴菲特把生意越做越大。在伯克希尔 - 哈撒韦公司总部奥马哈，粗略估计有 200 名巴菲特级的亿万富翁，他们都曾在巴菲特的劝说下投资于伯克希尔 - 哈撒韦公司。

为什么伯克希尔 - 哈撒韦公司成为商业帝国，原因就在于巴菲特独特的投资战略定位。巴菲特曾说，对于伯克希尔 - 哈撒韦公司，他有两件事想要说。

第一件事就是他永远不会解散伯克希尔—哈撒韦，因为公司的运转十分理想，所以被解散的可能性几乎为零。伯克希尔 - 哈撒韦公司的子公司与总公司采用同样的纳税申报表，这在很大程度上避免了子公司被迫欠下巨额债务为企业利润增长提供资金的局面，节省了数百万美元的税款。如果一些子公司的利润、规模增长到达上限，其资金会被立刻转移到其他领域。如此一来，伯克希尔 - 哈撒韦公司就可以实现最大化的扩张规模。

第二件事就是他把伯克希尔 - 哈撒韦视为各股东的公司。尽管巴菲特是公司最大的股东，拥有 34% 的投票权，几乎可以做任何他想要做的事情。但是，巴菲特永远将股东的利益放在第一位。无论是公司结构，还是做出收购决策，巴菲特首先会考虑股东的最大利益，这就是巴菲特的思考模式，他是为各位股东服务的。

面对经济动荡导致的利润波动，巴菲特会保持冷静。同时，伯克希尔 - 哈撒韦公司从未分拆 A 类股，看重的是长期价值，而非短期业绩。保持管理层注意力的集中，是保证良好的基本业务的基础，不去购买很平常甚至糟糕的业务。低成本运营带来低价格，低价格吸引好客户，同时这些客户又向朋友推荐，这就是伯克希尔 - 哈撒韦公司旗下的 GEICO 汽车保险业务成功的直接原因，为公司节省了收购费用。

在伯克希尔 - 哈撒韦公司，股票期权类不确定最终价值的激励措施不受巴菲特的青睐。因为他主张简化员工的激励制度，根据业务的经济状况制定激励措施，结合方案参与者的日常工作，制定简单且可评估的激励制度，这是每家子公司都推广的激励制度。

公司的规模越大，机构工作就越迟缓，同时自以为是，拒绝变革。为了保证公司不出现问题，伯克希尔 - 哈撒韦公司总部永远只保持少数员工，让各部门管理人员自行完成管理工作，以主人翁的态度正确地思考问题。

伯克希尔 - 哈撒韦公司控制的蓝筹印花（Blue Chip Stamps）以 1 500 万美元收购了美国西海岸制造企业、盒装巧克力零售商喜事糖果（See’s Candies）100% 的股权。后来，喜事糖果营业收入 3.76 亿美元，成为巴菲特最津津乐道的收购案之一。所以，伯克希尔 - 哈撒韦公司只做自己知道的事，并坚持不懈。这也是后来成功投资可口可乐的原因。

当意识到自己身处陷阱中时，首要的任务是停止挖掘。伯克希尔 - 哈撒韦公司也曾做过错误的收购，那是一家叫作 Hochschild-Kohn 的百货公司，不过当时的美国零售业很不景气，根本无法赚钱。所以，签署收购合约不久，伯克希尔 - 哈撒韦公司就转手了。

在巴菲特看来，保持声誉是最重要的公司资产。公司赔钱能理解，但损害公司声誉的话，他就绝不姑息。当然，伯克希尔 - 哈撒韦公司信任所雇佣的优秀人才，甚至有一点过度信任。上级从来不干涉部下对公司业务的管理，处于这种信任的环境中，公司的高管具有发自内心的工作欲望，而不是被迫工作。

实际上，伯克希尔－哈撒韦公司甚至都没有人事部门。巴菲特本人也和多数高管一样，常常而且喜欢按照自己的原则和意愿行事。因此，他们也拥有更多的个人时间认真阅读和思考，只做那些自己能做好的事。这样，伯克希尔 - 哈撒韦公司的多元化投资理财定位大获成功。

四、平台思维

从国家统计局发布的2015年消费价格指数（CPI）数据可以发现，该指数一度上涨超过1%。这对国民来说并不乐观，因为这意味着货币一再贬值，价值越来越小。当通货膨胀现象越来越严峻，已经成为不争的事实，与其选择节衣缩食，降低生活质量，还不如开始尝试通过理财的方式使得财富的增值速度超过货币的贬值速度，实现资产保值增值。

大家对各种理财方式应当不陌生。最初的国债需要人们起早开始排队购买，后来银行的理财产品一经推出就被抢购一空，再到变幻莫测拨动人心的股市，然后又诞生了可以随存随取的余额宝、定期投入的基金，最后是时下最流行的互联网P2P理财平台等，理财方式五花八门，方式之多不胜枚举。

其中，投资股市更像是一种投机，因为股市具有很大的不确定性，没有规律可循。比如，2015年6月中旬，股市遭遇了七年一遇的股灾，在5个交易日里有4天都是大跌，两市市值在短短一周内缩水9万亿元。仅6月19日当天，就有1 088只个股跌停，创下2008年以来最惨记录。这说明收益高的股市是一种高风险的投资方式。其他几种理财方式各有各的优势和不足。

国债的稳定性具有很大优势，在一些老年投资者心中拥有绝对的地位，但收益一般不超过5%，周期也比较长；余额宝是第一个互联网金融理财产品，拥有强大的生活功能，包括购物、转账、生活费用代缴等。但收益相对较低，目前已经跌破4%；银行理财产品的收益稍微高一些大概为7%，但是起投门槛较高，为3～5万元，不是所有的理财者都适合；P2P理财平台门槛低，行业平均收益为10%以上，但是具有借款项目时间长、资金流动性差的缺点。

在这种情况下，运用平台思维进行分散投资是比较好的选择。投资者可以根据自己对流动性、收益率的不同程度需求进行组合投资，并根据自己的实际情况调整投资份额。

比如，同时投资了股票、余额宝、P2P理财平台产品等，那么当股市不景气、余额宝的收益大幅降低，而P2P理财平台有优惠活动时，就可以减少股市和余额宝的资金量，加大投资P2P理财平台；又或者当投资者正在计划一次旅行，没有多余的时间关注股票涨跌时，可以减少股票投资金额，转存入余额宝，方便应急使用。

投资组合可以分散风险，却不会降低投资收益，甚至可以创造更大的投资回报率。运用平台思维，进行投资组合对于实现最大化收益有重要意义。因此，在做理财规划时，可以应用平台思维，将多个优点缺点各不相同的理财方式进行组合，通过合理的资产配比进行多渠道投资，实现收益的最大化。投资组合是一种互补互助的投资形态，目的是控制风险和提高利润。

当投资对象大多是高风险投资项目时，投资者应适当兼顾一些风险低的投资产品。尽管低风险投资产品的利润较低，但是可以更好的保证效益，就等于是降低了高风险投资项目的投资成本，在总体上降低了投资风险，提高了投资盈利。

当投资对象主要是一些低风险的投资项目时，因为收益较低，投资者应兼顾多种低风险投资项目，以此来提高收益。这种运用平台思维互补互助的组合模式就是投资组合。

投资组合是个人投资理财的最佳方式。由于个人为经济主体单位，因此，在进行投资组合时，资产配置工作相对简单。而对于企业或单位，进行投资组合，会承担更大的投资风险。因为企业的兼顾性能比较小，且投资面积较大，一旦进行复杂的资产配置，势必会增加投资难度。

资产配置是个人理财规划的关键所在，是投资组合的精髓所在。人生的不同阶段对财富的需求不同，这就要求投资者在规划理财投资的时候，把资产科学、合理地配置到不同的理财渠道及产品上进行投资理财，以此不断地满足各个时期的需求。

资产配置方法因人而异，但是最佳的资产配置是每个人都追求的目标。一旦资产配置失误，结局就无法再改变，因此资产配置非常重要。资产配置不但具有科学性，更具艺术性。即便认识到了资产配置的重要性，态度谨慎，也不一定能做好资产配置。资产配置是一门深奥的学问，但也有章可循。想要合理配置资产，在投资理财过程中应当遵循三个原则，如图 3-3 所示。

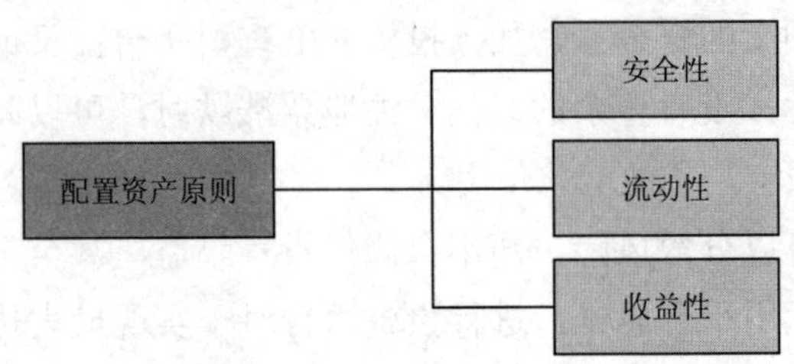

图 3-3　合理配置资产的原则

（1）安全性

在投资理财过程中，不管投资什么产品，安全性都是首先遵循的原则。因为投资理财的根本目标是使个人或者家庭的财务保持良好，还应当以满足日常生活所需为前提，同时争取获得更大的收益。在这样的目标引领下，资产的安全性成为保证各项目标任务实现的基础。

（2）流动性

作为一名普通人，我们不仅会生老病死，还需要吃穿住行。因此，在进行资产配置时，眼光要放得长远，既能保证当前生活又能兼顾未来发展，避免出现紧急事情时而发生措手不及的情况。在资产配置时，现金以及易变现资产理应占据一定比例，也要尽早规划教育、住房、养老等未来支出。保险也是一项必要的家庭投资理财方式。

（3）收益性

作为一名普通人，之所以如此积极地参与投资，就是为了赚更多的钱，保障未来的生活。因此，在资产配置过程中，必须坚持高风险与低风险理财产品相结合的原则，但需要注意，不能为了追求高收益而罔顾风险的资产配置方式。

第四课

市场走势：供给与需求曲线

高品质产品经常因为原材料来自于远洋并且制作工艺复杂，所以供给量很小，而价格昂贵，比如，爱玛仕品牌打造的“永恒，爱人”（Birkin）手袋等。还有一些品牌会限制供应量以保持市场的需求力度，比如，让人又爱又恨的法国香水香奈尔（Chanel）等 。人们在市场的交易行为产生了供给与需求两个术语。在市场经济运行过程中，供给与需求发挥着非常关键的作用，它们决定了市场经济中每种物品的产量以及出售的价格。

为了更好地理解供给与需求概念，我们首先需要明白什么是供给与需求曲线。供给曲线表示的是市场价格和生产者所愿意供给的物品数量之间的关系。它是从左下方向右上方上升的曲线，即价格的升高会带来生产量的增加。需求曲线表示的是市场价格和市场对这种物品的需求量之间的关系。需求曲线可以以任何形状出现，符合需求定理的需求曲线只可以是向右下倾斜的。

当市场供给与需求两种力量彼此相等时，有一个价格和数量水平，即市场价格均衡。当达到市场价格均衡时，生产者愿意供给的物品数量与消费者愿意购买的数量相等。在这一水平上，价格或数量不存在变动的趋势，直到某一事件的发生使供给曲线或需求曲线移动。

在市场经济中，生产者与消费者的行为必然会使供给与需求曲线向均衡点移动。对于供需变化，每种物品对价格变动的反应程度都是不同的，这种现象在经济学上被称之为供需的价格弹性。富有弹性的物品需求对价格变化的反应较大；而缺乏弹性或者刚性的物品需求对价格变化的反应较小。通常，消费者对生活必需品的需求倾向于刚性，对非必需品及奢侈品的需求更倾向于弹性。供给与需求在短期与长期中的状况是不同的。

实行薄利多销的产品必须满足产品需求价格弹性。薄利多销就是通过降价，实现多销，进而增加总收益。对于需求富有弹性的产品来说，当该产品的价格下降时，需求量增加的幅度大于价格下降的幅度，所以总收益增加。化妆品能够薄利多销，而药品却不行。因为药品是缺乏弹性的必需品，在需要时必须要买，不需要时薄利也没有人买。

市场供给与需求曲线是相互影响的，当供给量小于需求量的时候，生产者就会抬高价格以获得最大利益。这是因为“物以稀为贵”可以引发人们发起一种具有强烈购买欲望的购买行为。日本地震引发核泄漏危机时，中国群众因为听信谣言误以为碘盐稀缺，而进行的疯抢行为就是供给小于需求的市场表现。

产品促销时，厂家经常以“一次性甩卖”或者“限量特价”等名义吸引顾客，使顾客提高购买行为。因为机会只有一次，错过了就再也没有了。商家致力于让供给小于需求的例子很多，比如，车商举办购车摇号活动，因为名额有限，消费者便趋之若鹜，因为它珍稀便以拥有它为荣耀。又如，画家的画之所以名贵是因为只有一幅，即使赝品被模仿得很像也不值钱。又如，人们都爱听秘密也是这个道理。

在日本，街头时尚品牌经常通过创造稀缺来促进营销。虽然街头时尚服装并不出自著名设计师之手，但因其款式潮流，样式炫酷，从而受到年轻人的喜爱。

日本街头品牌“A Bathing Ape”（Bape）的东京店里，每次接待10名顾客，其他人则站在门外排队等待。在前一批人离开后，货架上的产品会立即更换，然后再进入下一批顾客。该商店制造了一种类似于在展览馆才可能感受到的氛围。

“Bape”的成功关键在于让一件价格600美元的牛仔裤变得炙手可热。要知道，该牛仔裤款式只有几百件，而且只在全球某几家商店内出售。Bape的缔造者长尾智明（Nigo）是日本“东京性手枪（Tokyo Sex Pistols）”乐队的鼓手，他擅长令可能产品化的产品变得稀缺而抢手。英国运动鞋生产商锐步公司发现并肯定了他的这种才能。

他联手Rap乐队N.E.R.D的著名成员法瑞尔威•廉姆斯（Pharrell Williams），为锐步设计了名为“Billionaire Boys Club”的限量版运动鞋品牌。该品牌在锐步RBK生产线中处于核心地位，利用限量版运动鞋的由头赚取了高额利润。在市场经济时代，供给不足的产品价值远远高于产品本身的价值。

一、均衡点：供给曲线与需求曲线的相交点

一提到春运，在外漂泊工作的人们都曾试过为一票难求的状况而苦恼不已。作为中国季节性大迁徙，近20年的春运，已成为中国特色。春运

市场为中国提供了世界罕见的爆发性的最大商机。国家铁路部门为了缓解春运的高峰，将春运期间火车票的价格上调。有关人士解释称，“涨价是为了‘削峰平谷’，以达到‘均衡运输’的目的。”

然而，我们可以发现，火车票涨价之后，铁路乘客并没有减少，均衡运输的目的并没有达到。因为对于中国大多数老百姓来说，比起飞机，火车是首选的交通工具。不管火车票是否涨价，该回家的时候就必须回家，涨价根本无法削峰平谷，只能让铁路部门获得更大利益。

据北京某报社报道，在春节前 15 天，北京西站和北京东站客票收入增长了 50%，收入近 3 亿元，仅仅是 15 天的时间。对于铁路部门来说，春节就是一个极为厚重的大礼包。有舆论职责称，“这就是垄断行业大发横财”。

以上案例涉及供求与需求的均衡。作为表示市场中物品价格与供给量关系的曲线，供给曲线具有以下三种特点：一是从左下方向右上方倾斜；二是曲线的形状可以是直线，也可以是曲线；三是曲线具有连续性（现实中供给曲线不可能是连续的，但考虑到研究更加方便，假设曲线连续。）

如果只考虑物品供给量与价格之间的关系，假设影响物品供给的其他因素不变，把产品本身的价格作为影响供给的唯一因素，以 P 代表价格，S 代表供给量，就可以把供给函数写为：S=f（P）。供给函数就是用函数关系来表明某物品供给量与其价格之间的关系。上式表明了某产品的供给量 S 是价格 P 的函数，价格上升，供给量增加，价格降低，供给量减少。

作为表示市场中物品价格与需求量关系的曲线，需求曲线具有以下三种特点：一是从左上方向右下方倾斜；二是曲线的形状可以是直线，也可以是曲线；三是曲线具有连续性（现实中需求曲线是不可能连续的，但考虑到研究更加方便，假设曲线连续）。

如果只考虑物品需求量与价格之间的关系，假设影响物品需求的其他因素不变，把产品本身的价格作为影响需求的唯一因素，以 P 代表价格，D 代表需求量，就可以把需求函数写为：D=f（P）。需求函数用模型法表述了需求概念。上式表明了某种产品的需求量 D 是价格 P 的函数，价格上升，需求量减少，价格下降，需求量增加。

供给曲线与需求曲线的相交点就是均衡点，均衡点的价格和供求数量为均衡价格和均衡数量。产品的均衡价格是在产品的市场需求和市场供给两种相反力量的相互作用下形成的。一种产品的均衡价格是指该产品的市场需求量和市场供给量相等时的价格。与均衡价格水平相对应的供求数量就是均衡数量。

在供给等其他条件不变的情况下，需求变动分别引起均衡价格和均衡数量的同方向变动；在需求等其他条件不变的情况下，供给变动分别引起均衡价格的反方向变动和均衡数量的同方向变动。第一，需求的增加引起均衡价格上升，需求的减少引起均衡价格下降。第二，需求的增加引起均衡数量增加，需求的减少引起均衡数量减少。第三，供给的增加引起均衡价格下降，供给的减少引起均衡价格上升。第四，供给的增加引起均衡数量增加，供给的减少引起均衡数量减少。

谭红是北京一家鲜花店店主，做鲜花生意 10 多年了。由于情人节临近，大部分鲜花的价格出现了不同程度的上涨。“200 多元一扎的玫瑰不算贵，等情人节再来买，肯定要涨了。”谭红告诉记者。以销量最好的玫瑰花为例，与几天前相比，每扎 20 枝的玫瑰零售价从 150 元涨至 180 ～ 200 元；每扎 20 枝的康乃馨零售价从 120 元涨至 150 元；百合的价格基本没有变。

谭红称：“受全国雪灾的影响，大量的鲜花运不出省，因此今年花价较往年便宜了一半。去年情人节前两天，一束玫瑰花的价格往往在 300 ～ 400 元左右。而今年只有往年的一半。”业内人士分析，13 日、14 日两天，玫瑰花价格上涨还将继续。

正常情况下，情人节的来临会使玫瑰花的市场需求增加，需求曲线会整体向右移动，在其他条件不变的情况下，导致均衡价格上涨。而由于雪灾的影响，本省玫瑰花的供给上升，急于将积压产品脱手的花农将降低产品价格，使市场价格趋于下降。且其幅度大于需求正常上升的幅度，结果造成了玫瑰花均衡价格减半的局面。这说明均衡价格是由需求和供给共同决定的。

图 4-1 所示为是将供给曲线和需求曲线结合在一起。在其他条件不变的情况下，需求曲线上的每一个点都是消费者愿意并且能够接受的产品价格与数量的组合。供给曲线上的每一个点都是生产者愿意而且能够提供的产品数量与价格的组合。由于市场交易是自愿交易，或者交易双方一致同

意的交易，所以市场交易价格和数量，必须是供求双方都愿意而且能够接受的价格和数量。

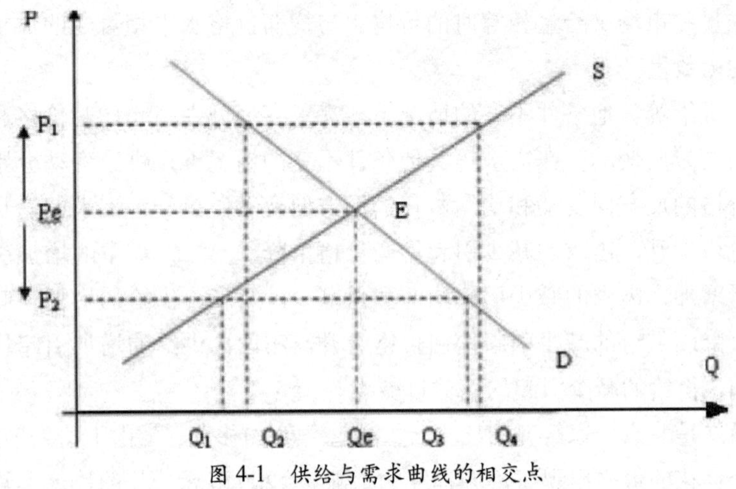

图 4-1　供给与需求曲线的相交点

E 点是需求曲线与供给曲线的交点，是供求均衡点，其所对应的价格和数量是生产者和消费者都愿意接受的价格和数量的组合。其中，E 点所对应的价格 Pe 被称为均衡价格，所对应的数量 Qe 被称为均衡数量。

由此可见，物品的均衡价格是市场需求曲线与市场供给曲线相交时的价格，也就是市场需求量与市场供给量相等时的价格。当市场价格偏离均衡价格时，会出现需求量与供给量不相等的非均衡状态。一般来说，在市场力量的作用下，这种供求不相等的非均衡状态会逐渐消失，偏离的市场价格会自动地恢复到均衡价格水平。

图 4-1 中，当价格上涨到 P_2 时，供给量将由 Qe 增加到 Q_4，而需求量将由 Qe 减少到 Q_2，供给大于需求，出现过剩，过剩数量为（Q_4-Q_2）。由于供大于求，卖家之间竞争的市场压力将迫使价格下降。只要价格高于 Pe，这种降价的压力就会一直存在。

同样的道理，当价格下降到 P_1 时，需求量将由 Qe 增加到 Q_3，而供给量将由 Qe 减少到 Q_1，需求大于供给，出现短缺，短缺数量为（Q_3-Q_1）。由于供不应求，消费者之间竞争的市场压力将迫使价格上升。只要价格低于 Pe，这种涨价的压力就会一直存在。

总而言之，产品的价格与其需求呈正相关，与其供给呈负相关：供给一定，需求增加，则价格上升，需求减少，则价格下降；需求一定，供给增加，则价格下降，供给减少，则价格上升。如果需求和供给同时发生变化，均衡价格和均衡交易量也会发生变化。需求和供给的同时变化，有同方向变化（需求和供给均增加或均减少）和反方向变化（需求增加而供给减少，或需求减少而供给增加）、变动幅度不同（需求的增减大于或小于供给的增减）等情况。

二、谁在控制市场变化曲线

2016年春节黄金周过去之后，人们拿着抢到的各种红包、长辈们给的压岁钱以及剩余的年终奖，开始在投资理财市场寻找机会。而春节过后的理财市场也发生了一些新变化。尤其是黄金市场走势强劲，让众多黄金投资者欣喜不已。

春节期间，国际金价上涨7.05%，创下2009年以来最高周涨幅。2016年以来，国际金价上涨累计超过15%。国内各大银行购买金货的客户数量显著增多。除了实物金以外，纸黄金、以黄金为主题的基金等投资产品也火爆不已。而春节过后，外汇市场美元牌价下跌明显。

中国外汇交易中心公布了美元兑人民币汇率中间价报为1:6.5118，下跌196个基点，创下2005年7月汇改以来的最大单日跌幅。近期在本市的一些大型银行网点，出现了趁低价购买美元的市民。市民刘先生昨日一大早赶到鞍山道附近一家银行购买了2 000美元。据某银行工作人员表示，2016年以来，外汇兑换量居高不下，美元、欧元、英镑、加元、澳元都是很热门的币种。

同时，人们购买保险的热情也不断高涨。据多家银行介绍，近期到银行咨询购买保险产品的人明显增多。此外，多家银行的热门理财产品出现供不应求的局面。2016年春节过后上市的预期年化收益水平超过5%的短期理财产品基本上被一抢而光。而银行代销的基金产品热度不高。专业理财机构分析认为，2016年全球股市与汇市将会跌宕起伏，均衡配置不同资产、币种和市场，对于长期投资者而言十分重要。

很多人看一家公司的好坏就看该公司股票的涨跌变化，这种方法是错误的。与股票涨跌有直接变化的是供给与需求。如果一家公司的股票在短时间内保持一定，那么需求变化就是引发价格波动的因素。需求之所以会发生变化，根本原因是人心。因为就是人心的各种想法引发了买入卖出行为。

人的想法变化在很大程度上受市场上各种信息的影响决定。市场信息包括宏观环境信息、公司本身的信息、个人信息等。如果这些信息合力支持上涨的预期，那么就会引发抢购行为；如果这些信息合力支持下跌的预期，那么就会引发抛售行为。

市场上的交易主体非常多，大多有两种想法以及行为。一种是因为预期上涨而买入；一种是因为预期下跌而卖出。把两种类型的交易主体进行对比，如果前者大于后者，那么股价上涨；如果前者等于后者，那么股价不变；如果前者小于后者，那么股价下跌。一旦想买入的数量远远大于卖出的数量，那么股价势必大涨；如果想卖出的数量远远大于买入的数量，那么股价势必大跌。

试想，如果某一机构团体力量试图操控股市，那么难度为多大？通过数据计算可以得出，上海证券交易所 2015 年 1 月上市公司超过 1 000 家，总市值 24.4 万亿元，日均成交 1 533 亿元；5 月总市值突破 35 万亿元，总市值超过日本股市。2015 年 6 月，深圳证券交易所上市公司数量合计为 1 714 家，股票总市值 23.78 万亿元。

中国 A 股总市值高于 70 万亿元，妄想通过个人或者团体的力量操控中国整个 A 股，几乎是不可能的。即便是千亿元的资金量，与 70 万亿元相比，如同鸡蛋与石头。中央政府的影响力是巨大的，比如，释放 4 万亿元，将会引发股市大波动。如果想要操控某一板块或者某一股票，还是比较容易的。比如，对于上海证券交易所 1 533 亿元日均成交量来说，百亿量级的资金就可以引发大波动。对于某一只股票来说，几亿元、几十亿元的资金量即可。

根据胡润富豪榜数据来看，中国大约有 6.7 万名亿万富豪。也就是说，在中国，超过 6.7 万人可以筹集几亿元的资金。说到底，股市最终都是受各种信息的影响，从而引发各种投资者买入卖出的行为。谁能操控人的意念需求，谁就能操控股价。比如，发布负面信息，引发负面预期，造成股价下跌，借此做空。

2013 年，黄金市场可谓是风起云涌。国际金融机构纷纷借机大举做空黄金，诱发更多卖盘涌入市场，金价一度创下历史新低。与此同时，拥有强大购买力的亚洲黄金爱好者逐渐成为市场上一股不可忽视的力量。

尽管是同一黄金市场内，相同的黄金价格，不同群体却表现出不同的反应（跨市场价格的细微差异暂且不计），这一现象引起了公众和媒体的热烈讨论。下面，我们用市场供给与需求理论来解读黄金市场上的种种现象，并进一步分析黄金的产品和金融双重属性以及黄金定价权归属的问题。

当黄金价格大幅下跌时，中国、印度等亚洲国家的群众却开始纷纷抢购黄金，制造了“黄金热”的高潮。这一反常现象令黄金市场的空头不能理解，他们对逆势而为的投资逻辑感到匪夷所思。到底出了什么问题呢？事实上，用投资逻辑来解释消费行为是解释这种现象的误区所在。从经济学的视角来看，抢购黄金的现象并不难理解。

我们在第一节已经阐述过，需求理论认为在其他条件不变的情况下，一种物品的价格上升，消费者对该物品的需求量减少；一种物品的价格下降，消费者对该物品的需求量增加。因此，当黄金价格由 1 500 美元每盎司急跌至 1 300 美元每盎司左右时，市场对黄金的需求量便出现了增长。而且，亚洲购金者大多喜欢黄金饰品，作为一种奢侈品，黄金的需求弹性较大。如此来看，黄金市场的需求猛增是一种正常现象。

金融市场与消费市场是不同的，在金融领域中，当投资品处于价格上升或者下降行情的初、中阶段时，市场交易量通常会迅猛增大。在全球各国的股市，这一特征都可以得到验证。因此可知，投资者与消费者在面对价格波动时，会展现出两种截然相反的反应。

由于黄金既具有商品属性，又具有投资属性，从而使得黄金市场的情况较为复杂。当我们笼统地谈论黄金市场的时候，一般都没有对黄金作为消费市场还是投资市场进行区别。这样一来，对于黄金的消费者和投资者的行为习惯就会混淆。2013 年黄金市场冰火两重天的景象就是因为两个群体的行为模式不同而造成的。当黄金价格跌破 1 500 美元每盎司后，投资者不仅纷纷减持黄金资产，甚至开始增加黄金的空头头寸。而消费者则趁机抢购黄金饰品。

从长期来看，黄金投资者与消费者的反向行为现象一直都存在。从2002—2011年，黄金保持10年牛市，全球投资实物金条需求量由最初的232吨迅速升至1 209吨，涨幅超过500%；纽约产品期货交易所黄金期货合约的持仓量也从2 000万盎司，上升到4 000余万盎司。但与此同时，全球消费者对于黄金饰品的需求量却由2 662吨下滑至1 973吨。

那么，问题自然就产生了，投资群体和消费群体，主导黄金定价权的是哪一群体呢？随着现代科技与金融创新的发展蒸蒸日上，产品现货交易标准化、电子化和全球化的趋向越来越明显。国际化的产品交易所一步步取代了地域性的实体交易场所，更好地发挥了市场价值发现的功能。

与传统现货订单相比，标准化合约的金融衍生品更容易在市场中流转。标准化合约的金融衍生品交易成本更为低廉，为市场短期投机提供了无数可能性，很多不以获取实物为目的，意在博取价差的投资者被吸引而来。在这一过程中，产品的定价权也逐渐由产品生产商、加工商以及消费者让渡到金融市场的交易者手中。

当前，美国纽约产品交易所、伦敦国际金融期货交易所掌握着全球黄金的定价权。从成交量来看，全球三大产品和黄金交易所2011年的黄金成交量分别是15.5万吨、1.6万吨、1.5万吨，同期全球制造业需求还不到2 759吨。这说明主导黄金价格的是投资者群体。从微观来看，实体店销售的黄金定价主要由两部分组成：基准金价和加工费。基准金价一般采用交易所报价系统提供的数据，这从侧面反映出当前黄金消费市场的定价形成机制。

我们可以从供给与需求曲线来看投资者的行为影响金价和黄金市场的机制。当黄金的供给增加后，供给曲线随之向右平移，使得供给曲线与需求曲线的交点发生变化，均衡价格有所下降。然而，回顾过去10年可以发现，全球黄金的供应量一直保持在相对稳定的水平，似乎不是导致供给曲线向右平移的因素。但如果考虑到黄金衍生品，则结果与现实情况是符合的。

在2013年4月12日，美林等机构的投资者在纽约商品交易所一天卖出400吨的黄金期货，相当于全球黄金年产量的25%，使得供给曲线向右侧平移，黄金的价格因此下降。因此，在分析黄金的供给与需求曲线时，不能忽略衍生品市场带来的变化。综上所述，由于黄金兼具商品和投资属性，使得黄金市场的参与者不仅有实物金的供需双方，还有投资者。而两个群体行为的差异性增强了黄金市场的复杂性。随着金融化深入，投资群体最终主导了黄金定价。

三、苹果产品的供给策略

苹果公司通过饥饿营销调节供求关系，成功制造出产品供不应求的局面。在各种品牌公司实行饥饿营销的实践案例中，苹果公司是最有影响力的。从 2010 年苹果公司发布 iPhone4 开始，苹果公司一发布新品，我们就会在各地看到苹果产品屡屡脱销的场景。

消费者狂热的追捧与产品的全线缺货造成了供需矛盾，苹果公司如愿以偿使得市场处于一种相对的饥饿状态。饥饿营销有利于苹果保持其产品价格的稳定性，获得产品升级的主导权以及对渠道、产业价值链的控制权。或许，苹果公司真的存在产能不足的问题，但是我们依然看到了饥饿营销策略在其品牌推广中的成功运用。

苹果公司发布 iPhone4 手机之前，对于新一代手机的信息奉行完全保密的原则。苹果公司只是告诉市场，有新一代苹果手机即将面市，之后的很长一段时间里，关于 iPhone4 手机的任何信息都搜索不到。当消费者非常渴望动用所有渠道获得产品信息时，乔布斯终于现身苹果的开发者大会对新产品做了隆重的发布介绍，称 iPhone4 “再一次，改变世界”。

随着 iPhone4 面市，各种宣传铺天盖地而来，与之前的安静形成强烈反差。由于消费者在这段期间被吊足了胃口，此时的他们犹如久旱遇甘霖，热情高涨，于是纷纷踊跃购买。但是不管市场对 iPhone4 的呼声多高，苹果公司始终坚持通过与运营商签订排他性合作协议、分享运营商收入的方式，耐心地开拓市场，在下一代产品发布之前，不时让消费者处于缺货的等待之中。

因为苹果公司的资本与实力雄厚，所以才能在市场上制造饥饿感，让消费者为苹果产品而疯狂。而且更值得我们注意的是，苹果公司能够不断地制造出一个又一个“新的饥饿”。苹果产品在全球范围内上市的传播曲线是专属的：发布会→公布上市日期→等待→广告宣传→排队等待→正式开卖→全线缺货→热卖。苹果的这种供给策略就是饥饿营销。

饥饿营销是指商家故意调低产量，从而达到调控供求关系、制造供不应求现象、维持产品较高售价和利润率，并维护品牌形象、提高产品附加值的目的。简单来说就是，如果卖早餐的商家想要顾客多买自己的包子，首先会断粮一周，让顾客打从心里想要吃到包子，然后在一周后饿虎扑食。饥饿营销具有两面性，苹果公司通过这种策略赢得了全球市场，而小米手机却也因过度的饥饿营销让消费者失去了耐心。

2012 年 1 月 4 日 13 点，小米手机开始第二轮开放购买。然而，在发售时刻之前，小米手机官网突然出现无法访问以及访问缓慢的情况。小米官方表示，当天开放购买共发售 10 万部手机，预计一周时间发货完毕。小米手机官网访问缓慢的问题可能是由于大量网友同时访问导致的，很多网友对小米官网系统提出了质疑。

小米手机的售卖模式与众不同，其独创的网络渠道销售模式，让消费者只有登录小米官方商店才能买到小米手机，并且需要提前预订。小米手机将物流权力交给了凡客诚品，由凡客诚品支持小米手机的仓储与配送。2011 年 9 月 5 日，小米手机正式开放网络预订，两天内预订数量超 30 万部，其火爆程度可见一斑。之后的事情发展出人意料，就在小米手机供不应求之时，小米官方突然宣布将停止预订并关闭了购买通道，让消费者无处可买。

小米手机一机难求，让消费者惊讶不已。小米手机的营销手段明显带有饥饿营销的影子。然而小米手机的饥饿营销很容易招致大众的负面评价。很多业内人士指出，饥饿营销策略在中国很难达到像其他国家一样的良好效果。因为中国各大生产厂家具有强大的仿制能力，模仿苹果产品的“山寨”产品常常以最快的速度抢占市场，从而使得苹果产品的饥饿营销发挥不出预想效果。苹果公司能够成功运用饥饿营销策略的原因可以归结为四点，如图 4-2 所示。

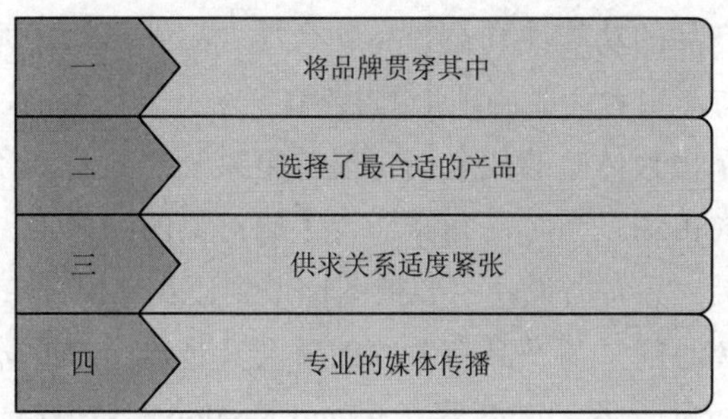

图 4-2　苹果公司成功运用饥饿营销策略的原因

1．将品牌贯穿其中

供求关系可以影响终端售价，饥饿营销策略就是利用了这一原理。实行饥饿营销策略时，需要调节供求两端的量达到高价出售产品，从而获得高额利润的目的。从整个手机产业数据以及苹果公司的财务报表上，根据最近一个季度的财报，苹果手机仅占手机市场份额的 5%，而 iPhone 系列产品的利润却占据了整个手机行业利润的 55%。iPhone4 手机的成本价格约为 150 美元，其零售价格却高达 500 ～ 800 美元。

不要以为饥饿营销的操作很简单，通过惊喜价吸引潜在消费者，然后限制供货量，制造供不应求的现象，从而提高售价，赚取更高的利润。在这一过程的运行中，品牌因素始终贯穿其中。产品强大的品牌号召力是饥饿营销策略运行不可缺少的一个因素。一个没有影响力的品牌如果要通过限量限产，提高价格，不仅不符合实际，还会丢掉原来占有的市场份额。

饥饿营销就是一把双刃剑，使用得当就会让强势品牌产生更大的附加值，使用不当就会伤害品牌，降低其附加值。品牌进行饥饿营销不应该把以更高的价格出售产品作为最终目的，更应当以使品牌产生更高的附加值，树立更高价值的形象为终极目的。

2．选择了最合适的产品

产品能否受到消费者欢迎，超过消费者心理预期是进行品牌推广中重要的一步，否则饥饿营销也是徒劳的。产品必须有足够的潜力，可以得到消费者的认可与接受。想要成功的开发一款产品，通常需要不断探究人的欲望，以便让产品的功能性利益、品牌个性、品牌形象、诉求情感能符合市场的心理，与消费者达成心理上的共鸣。

苹果产品是极致体验的代名词。仅苹果系统的界面就经历了数百次改进，最终才推向市场。当时，乔布斯为了比对界面的像素，几乎把鼻子都贴在电脑屏幕上。乔布斯说："要把图标做到让我想用舌头去舔一下。"

乔布斯最关心的是与产品有关的细节及其带给用户的体验。美国一家投行的资深分析师保罗·诺格罗斯（Paul Noglows）这样评价乔布斯的成功，他认为："对细节变态的重视成就了乔布斯。"对"果粉"来说，一台 iMac，其实不是意义上的 PC（台式电脑），而是一件完美的艺术品。苹果的设计团队不仅要从外观上征服消费者，还要在客户的心理、精神上占据消费者的思想。

在设计师眼里，乔布斯通常说得最多的一句话是："还不行"。这种结论大部分是设计师工作到凌晨1点换来的结果。因为乔布斯为了让"果粉"疯狂，不得不强迫大家提高自我期待。设计师能创作出超乎自己想象的杰作，也就不难解释了。

3．供求关系适度紧张

当前市场环境下，产品种类五花八门，产品同质化现象日趋严重，所以饥饿营销的前提是产品具有独特的竞争优势。消费者越来越注重个性，追随大众化已经不能满足消费者的需求。而制造适度紧缺，则是运用了人们的物以稀为贵的心理。

不少经销商称，自苹果产品发布之后的很长一段时间内都拿不到货。由于供需关系的影响，苹果手机在黑市普遍实行加价销售。加价的根本原因是苹果产能释放速度跟不上消费市场的增长速度，造成市场上供需关系紧张。苹果公司利用消费群体追求品牌和品味的消费心理，配合饥饿营销策略，一次次地获取了高额利润。

4．专业的媒体传播

使用专业的媒体传播是品牌推广应当重视的一个问题。传播策略、传播时间、传播媒介、传播形式等都应该经过仔细地思考规划。同时，为了保证品牌的神秘感，品牌在宣传之前要在一定时期内做好各种信息的保密工作。由于某个科技博客作者泄漏了一些有关 iPhone 产品的信息，因此乔布斯就起诉他，就是出于这个因素考虑。

另一方面，市场竞争度、消费者成熟度以及产品替代性都是影响饥饿营销策略能否获得成功的重要因素。饥饿营销策略能够较好发挥作用的环境是市场竞争不充分、消费者心态不够成熟、产品综合竞争力和不可替代性较强。虽然苹果公司对于饥饿营销策略的运用已经驾轻就熟，但想要将这一策略长期有效地运营下去，苹果公司以及其他类似企业还应该注意以下两点：

一是要灵活应变。受到部分竞争对手市场活动的影响，消费者的欲望组合比例会不断发生新的变化，影响其购买行为的关键因素也会发生不确定变动，将目标转移，购买竞争对手产品是时常发生的事。因此，实行饥饿营销策略的企业要密切监控市场动向，提高快速反应能力。

饥饿营销是一种全球性营销策略，但是在各国实行的时候，应当针对各地国情做出适度有效的调整。比如，中国手机市场的活跃度很高，比全球平均水平还要高出很多。然而中国手机用户的换机周期却不高，与欧美用户相比，只有他们的一半。

希望长期占领中国市场的手机品牌应当看到面临的困境。如果在中国市场始终过于矜持，就等于将市场拱手让于竞争对手。同时在中国市场里，黄牛囤货等情况严重损害了中国消费者的感情，企业应当想方设法，加以应对。

二是要把握好度。一味地吊着消费者的胃口，会将消费者的耐心一点点磨灭掉。一旦超过消费者的心理承受底线，就等于将消费者推向竞争对手。企业应当根据自身的能力量力而行，不能盲目地实行饥饿营销策略。

把握好尺度，使市场保持弹性是非常重要的。“7 分饿，3 分饱”是比较合适的尺度。比如，消费者等待了很长时间，依然买不到苹果产品，就会选择苹果山寨产品。国内多家山寨厂商都曾透露，他们生产的“仿 iPad”平板电脑销量非常好。他们的山寨苹果产品流入销售渠道之后，很快就完成了重点城市的分销商招标工作。山寨苹果平板电脑的售价大约为 2 000 元，价格与当前市场上主流的上网笔记本电脑相当。

苹果系列的产品都是国内山寨厂商仿制的重点，包括 iPhone、iPod、iPad 等。早在第一代苹果手机上市时，山寨版苹果手机 hiPhone 的销售量就超过了苹果手机的销售量。hiPhone 手机待机时间超长，双网双待，外带电池充电，超强的功能让山寨版苹果手机一诞生就受到中国消费者的欢迎。显然，过度的饥饿营销是不可行的，尤其是在中国市场。

良好的营销策略是品牌推广的关键，对于企业来说至关重要。任何企业，都是在不断认识自我、改善自我的过程中发展起来的。无论是哪种营销方式，企业都要把它用得恰到好处。借鉴优秀企业的实战运营经验和教训，做好自身品牌的推广，将有利于提高自身企业的综合实力和竞争力，自身企业发展得更好。

四、巴菲特为何很少投资失手

众所周知，巴菲特是白手起家，从 11 岁开始就迷上了投资股票。直到 79 岁，巴菲特的资产达到 620 亿美元，成为世界首富。巴菲特发掘了一大批传奇性的企业，并通过数十年持有其公司股票与它们共同成长，其中包括可口可乐、运通等公司。

30 年里，巴菲特领导的伯克希尔 - 哈撒韦公司的股票上涨了 2 000 多倍，股东大会已成为崇拜者的朝圣大会，甚至有人不惜花费巨额资金换取与巴菲特共进午餐当面交流的机会。在美国甚至世界投资历史上，巴菲特是迄今为止最为成功的投资家，他所创下的成就无人企及。

在华尔街投资大师行列中，巴菲特是最富有凝聚力的，在这方面无人能超过他。他的投资理念与投资语录都被青年投资者们奉为“投资圣经”。巴菲特曾说：“我一直认为我会富有的，对此我坚定不移的相信”。巴菲特的投资原则简单明了，逻辑忍耐聚焦，投资大众从他身上看到了一种相对明确及正确的投资观念。“股神”财富无法复制，但是所有关于获得财富的理念和哲学都是可以借鉴的：

1. 保持流动性充足。他写道，我们决不会对陌生人的好意产生依赖，我们对自己事务的安排，巴菲特认为，我们决不能对陌生人的好意产生依赖，而是要自己安排自己的事务，有时极有可能会出现，我们面临的任何现金问题在流动性面前会显得微不足道。另外，这种流动性还将被我们所投的多家、多样化的公司所产生的利润流不断刷新。

2．我们应当与众不同，在别人贪婪时我们恐惧，而在别人恐惧时我们贪婪。当别人都买时我们不买。那些只在评论家认为股市乐观时才投资的投资者，最后都为了这种没有意义的心理安慰付出了极高的代价。投资者应当有耐心，如果人人都在买进时你做到了按兵不动，那么只有在人人都抛售时你才能买进。

3．对于一个好的投资者，时间就是他的朋友，而对于一个不好的投资者，时间是他的敌人。好的投资者在股价偏高时，会耐心地等待并继续进行跟踪，直到股价降到他可以接受的合理范围时才考虑买入；资金复利的增长为长期投资者提供了较好的依据。

4．价值，价值，价值。巴菲特写道，投资中最重要的是你为了什么而给一家公司投钱——通过在股市中购买它的一个小部分——以及这家公司在未来一二十年会挣多少。

5．别被高增长故事愚弄。巴菲特提醒投资者说，他和伯克希尔副董事长芒格（CharlieMunger）不投那些“我们不能评估其未来的公司”，不管它们的产品可能多么让人兴奋。

多数在 1910 年押赌汽车业、1930 年赌飞机或者在 1950 年下注于电视机生产商的投资者，到头来输得一无所有，尽管这些产品确实改变了世界。“急剧增长”并不一定带来高利润率和高额资本回报。

6．投资这件事不能冲动，理性的人和了解投资的人才适合投资。

7．无知者为了自我保护，才会进行分散投资。对于目的性很强的投资者来说，分散投资是没有任何意义的；一个人一生中真正值得投资的机会可能只有四五个，一旦发现了，就要集中资金大量买入；聪明的投资者会“把所有的鸡蛋放在一只篮子里，然后小心地看好”。

8．防守好于进攻。巴菲特写道，虽然我们在某些市场上扬的年头里落后于标普指数，但在标普指数下跌的 11 个年头里，我们的表现一直好过这一指数；换句话来说，我们的防守一直好于进攻，这种情况可能会继续下去。在动荡年代，巴菲特的这些建议都是符合时宜的。

投资哲学通过对交易世界进行逻辑解释，找出投资者所要采取交易行为的理由。它是投资者思想的盾牌，是我们免受市场情绪躁动影响的定心剂。通过投资哲学我们可以理解交易世界，明白如何做是对的，如何做是有效的；它指引投资者做出选择，完成决策并采取行动，使交易世界在我们的思维中合理化。投资哲学是对投资者精神修养的完善，它的特征在于追问事情本质，不断反思。

投资大师理查德·德里豪斯（Richard Moorhouse）说："一套核心的投资哲学对于长期交易成功具有重要意义。通过投资哲学在交易中实现自我定位是很容易的。"交易哲学立足于长期大量的实战经验，并对经验进行反复的总结、学习与深思，最终形成对市场的高度认知，再反过来将认知运用于实践，然后不断地加以充实完善。在长期反复的轮回后，这种认知会相对固化，形成指导交易的核心准则。

其实每个人都有一套投资哲学，只不过大多数人的投资哲学形成是有偏差的，是一大堆乱七八糟而且相互矛盾的理念，因此我们不是投资大师。大师级别的投资哲学尽管不是尽善尽美，但是我们可以观察学习他们的投资哲学及理念，来发展和完善我们自己的投资哲学，进而对自己的投资交易进行准确指导。

拥有投资哲学并不在于它能对具体问题提供具体答案，而是在于对问题本身的理解；我们对于交易中一切可能事物的概念就是通过这些问题不断扩充的，从而丰富我们的思维想象力，并且降低固执性自信。

建立投资哲学的过程很复杂，首先要从以下几个问题着手：投资是什么？投资的规则是什么？市场是如何运转的？市场因何变动？你的竞争对手是怎样的？如何预测价格？交易行为准则是什么？如何进行资金分配？盈利和亏损的原因是什么？一个人的投资哲学具体表现在以下8个方面：

1. 你买入的原因是什么？
2. 在什么情况下你会卖出？
3. 当你的投资得到良好的回报时你会做什么？
4. 如何控制投资的规模？
5. 你的投资回报具有重复规律吗？为什么？
6. 如何进行对冲交易？

7．你的投资理念是如何产生的？

8．你的理念是你独有的吗？

市场就是一个函数，投资者受知识、信息、时间等方面的局限以及特定的思维定势的影响，不可能将注意力全部集中于所有他看重与感兴趣的因素及其相关逻辑关系上。作为一个普通人，我们不能拥有投资大师那种伟大的投资哲学。因为那是由大师们的个性、能力、知识等诸多因素综合作用形成的。但是有一点很重要，我们要通过不断地学习，逐步发展我们自己的投资哲学。

一位美国知名学者说：“财富是一个人的思考能力的产物。”在变化万千的交易世界，如果不想被动选择，就要用心发展自己的投资哲学，加强自己的抽象逻辑思维能力。而为了达到最终目的，我们只能付出时间和心血，不断努力学习！

第五课

财务知识：数字的秘密

投资大师巴菲特常常说：“投资人应当将自己视为经理人，深入研究企业创造财富的活动。投资人可以关注企业的财报等财务数据，发现企业的不合理之处，解析企业竞争力，从而做出正确的投资决策，保护自己的财富。”

通过学习财务知识，投资人可以分析出哪些企业经理人正在做的事情是正确的，可以增加企业的价值，而哪些企业经理人正在做的事情是错误的，会降低或摧毁企业的价值。财务知识可以提升投资者的决策判断能力，帮助投资者轻松寻到业绩优良，潜力巨大，可以创造持续性价值的明星公司，从而得到投资回报。

财务知识对投资者来说非常重要，对于企业发展的意义更是重大。很多优良企业的财务数据就隐藏了企业构建新的竞争模式的智慧。在数字化理财时代，投资理财“数字”当道，比如，沪深指数 4000，产品预期收益率 10%，投资股票不得超 30 只，4321 家庭理财法则等，你知道这些数字的秘密吗？

1. 7 日年化收益率其实是一个估算值

众多周知，购买货币基金以及使用余额宝类产品时，会使用到 7 日年化收益率的概念。7 日年化收益率是指产品在最近 7 日内的平均收益水平，进行年化后得出的数据。比如，余额宝的年化收益率为 6.5%，那么计算得到其日年化收益率为 0.018%，进而计算出余额宝的 7 日年化收益为 0.12%。

嘉丰瑞德财富管理机构的理财师表示：“7 日年化收益率只能算作估算值，所以投资者在配置货币基金产品时，应当注意万份收益是否准确地反映出了基金当前的实际收益情况。有时，当前的 7 日年化收益率指标很高，投资者却不一定能够获得相应的收益。”

2. 带“6、8”等吉利数字并不能保证吉利收益

一些金融理财机构为了吸引一些年轻情侣和夫妻购买理财产品，会在特殊节日发售一些收益率或起购金额有特殊意义的产品，比如，情人节发售的某款产品设置了 5.20%（我爱你）的收益率，起投资金为 13.14 万元（一生一世）。

另外，为了迎合投资者对吉利数字“6 和 8”的偏爱，将理财产品的收益率设置为 8.88%（发发发），起投资金为 11.88 元（要要发发）。有些产品的名字也追求吉利，比如，年收益率为 10% 左右的宜盛财富宜盛宝（一生财富一生宝）等。对此，嘉丰瑞德财富管理机构的理财师表示，投资者选购理财产品时不能只看吉利数字，要从产品本身出发，分析产品的收益和风险，并将产品的说明书看清楚。

3．投资股票不能超过 30 只，否则会导致精力分散

当前股票市场，1 名股民可以开 20 个账户，很多股民因此开心不已。俗话说：“鸡蛋不要放在一个篮子中”，但是篮子太多对于积累财富并没有任何帮助。投资理财专家表示，投资股票最好不超过 30 只。事实上，投几只股票与投资者的投资经验以及风险承受能力有关。

如果投资者的资金量大，而且风险承受能力较强，那么可以遵循这一原则。但是资金量小，并且风险承受能力弱的投资者最好不要投资超过 3 只股票。

4．“4321”家庭理财比例没有可考价值

家庭收入配置法则“4321”是指将 40% 的收入投资房地产和其他方面，将 30% 的收入用于家庭生活开支，将 20% 的收入用于银行存款作为应急资金，而剩余 10% 的收入用来购买保险。事实上，这种法则并不适用于每个家庭，因为每个家庭的实际情况都是不同的。“4321”法则只是关于家庭收入配置的参考法则，每个家庭应根据各阶段的财务情况、理财需求来按比例配置，不可生搬硬套。

在投资理财中，关于数字的秘密还有很多，投资者需要了解清楚，避免掉进数字陷阱里，最终离财富越来越远。

一、如何看懂财务报表

第一家麦当劳餐厅是麦当劳兄弟创立的。1937 年，麦当劳餐厅开始在美国加州帕萨迪纳销售汉堡、热狗、奶昔等 25 项产品。三年下来，餐厅

的销售额一度攀升，麦当劳兄弟获得了不菲的收入。

1940 年，他们为餐厅做了一个财务报表分析。没有想到的是，他们发现餐厅 80% 的生意竟然来自汉堡。三明治、热狗等产品虽然味道也很好，但是销售成绩很一般。麦当劳兄弟因此决定将产品线简化，专攻低价且销售量大的几类产品。麦当劳餐厅的产品由 25 项减少为 9 项，并将汉堡价格由 30 美分降低到 15 美分。从此之后，麦当劳餐厅的销售额激增，利润也有了大幅度增长，为以后发展成为世界级企业奠定了坚实的基础。

事实证明，财务报表对企业发展起着至关重要的作用。而看懂财务报表是企业管理人员的必备素养。企业财务报表主要包括资产负债表、利润表以及现金流量表。资产负债表的作用是反映企业某一时间的财务状况。利润表的作用是反映企业某一时期的利润分配情况，将期初未分配利润调整为期末未分配利润，并列入资产负债表。现金流量表的作用是反映企业现金变化的结果和财务状况变化的原因。

想要看懂企业的财务报表，就必须分别对三张表进行了解分析。资产负债表主要记录了公司某一特定时间（月末、季度末或年末）的全部资产、负债和所有者权益情况。资产负债表必须遵循的基本结构是“资产 = 负债 + 所有者权益”。不论公司发生何种变化，这个资产平衡式是永远成立的。公式左边代表公司当前所拥有的资源；公式右边代表公司的不同权利人对这些资源的要求。

公司的债权人享有对公司全部资源的要求权，公司以全部资产为担保，对不同债权人承担偿付责任。公司的资产净值就是在偿付完全部的负债之后，剩余的所有者权益。通过了解分析资产负债表的资料，可以清楚地看出一个公司资产的分布状态、负债和所有者权益的构成情况。而资产负债表也是评价一个公司资金营运与财务结构是否正常合理、公司的变现、偿债、承担风险、获利能力高低的重要根据。资产负债表主要包括四个资产要素，如图 5-1 所示。

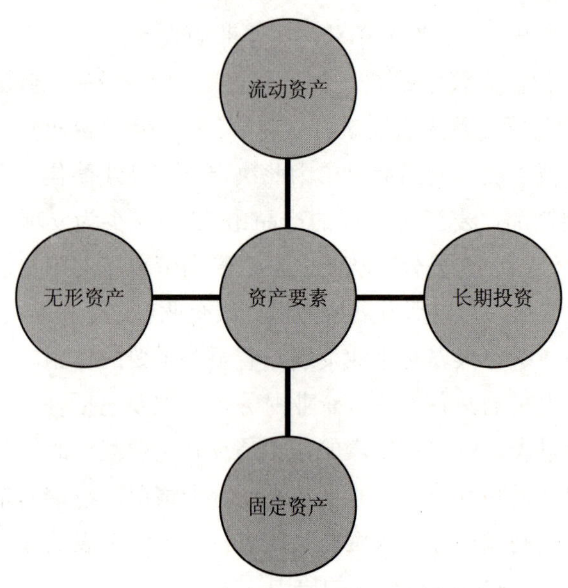

图 5-1 资产负债表主要包括的资产要素

1. 流动资产

公司的流动资产包括现金、各种存款、短期投资、各种应收应付款项、存货等。如果公司当前的流动资产比往年有所增长，证明该公司的支付能力与变现能力提高了。

2. 长期投资

长期投资主要是指一年期以上的投资，主要包括公司控股、实施多元化经营等。如果公司相对增加了长期投资，那么该公司的成长前景应该是良好的。

3. 固定资产

固定资产一般是指那些具有实物形态的资产。资产负债表中列出的各项固定资产数字只能表示在公司持续经营的条件下，各项固定资产还没有折旧、损耗的金额并且假设公司会在将来陆续收回。因此，折旧、损耗等相关项是否合理直接影响到资产负债表、利润表和其他相关报表的准确性。

应当注意的是，折旧提得越少，当期的利润就会越高，而折旧提得越多，当期的利润就会越低，某些公司可能会在此处埋下伏笔。

4．无形资产

无形资产主要包括商标权、著作权、土地使用权、非专利技术、商誉、专利权等。一般来说，商誉和其他不确切指的无形资产不会出现在资产负债表上，除非商誉是公司在合并或者购入时形成的。公司得到无形资产后，应将把相关数据记录在资产负债表上并在规定期限内摊销完毕。

分析以上四种负债要素，主要包括三个方面：一是流动负债分析。在记账时，各项流动负债应当以实际发生额为准，分析的时候不能发生遗漏，资产负债表应当反映出所有的负债项。二是长期负债分析。长期负债主要包括长期借款、应付债券、长期应付款项等。因为长期负债的形式多样，因此，要注意了解分析公司各个债权人的情况。

三是股东权益分析。股东权益分析包括股本、资本公积、盈余公积和未分配利润等四个方面。分析股东权益的主要目的是了解股东权益中各类资本投入的不同形态、股权结构以及各要素的优先清偿顺序等。看资产负债表时，最好与利润表结合起来看。

五粮液集团2005年的资产负债表由高到低依序列出了公司资产以及负债的流动性，公司高层分析完资产负债表后，发现它的格式与沃尔玛的资产负债表非常相似。但是，在细节上两者还是有所不同的。比如，“固定资产科目”一项，由于土地国有化的政策，国内财务报表里固定资产项目下没有“土地”一项，企业承租的“土地使用权”是作为“无形资产”的科目。

不仅地区不同、国家法令规定不同使得财务报表有了不同的呈现，不同的产业特性也会对财务报表有不同的解读。大多数的科技公司推出新产品时，就需要考虑到旧产品的跌价状况。但由于五粮液集团是从事酒类生产的公司，产品保存期限比其他产品长很多，即便五粮液产品的存货占总资产的15%，公司存货跌价的状况也不容易发生。

正在兴建的瑶池、锅炉生产线及供水设备是五粮液集团主要的固定资产。这些固定资产净额居然占到全公司总资产的50%以上。这就带来了一个问题：庞大的固定资产可以带来收益增长吗？新建的瑶池应当酿造哪一类的酒？收益能不能在短期内实现？

我们可以从公司选择的负债结构看出它的经营风格。大部分负债项目都是流动负债，是五粮液集团的另一特性。从1999年开始到现在，在五粮液集团的总负债中，长期负债的比率始终低于2%。2005年，五粮液集团的资金主要来自于股东投入（大约占77%）而非银行借贷。另外，五粮液集团营收增长稳定，通过销售产品等经营活动所获得现金流量，足以应对购买固定资产所需要的资本支出。

利润表的编制依据是“收入－费用＝利润”。利润表主要反映了公司在一定时期内营业收入减去营业支出之后的净收益。利润表是评估上市公司的经营业绩、管理的成功程度以及投资价值和报酬的重要依据。

利润表包括两个方面：一部分反映公司的收入及费用，将公司在一定时期内的利润或者亏损额写出来，用以判断公司的经济效益及盈利能力，评价公司的管理业绩；另一部分写明公司财务成果的来源有哪些，并说明公司各种利润来源在利润总额中占的比例，以及各利润来源之间的相互关系。

分析利润表时，首先要分析收入项目。公司通过销售产品、提供劳务获得各项营业收入，也可以将资源提供给他人，从这个过程中获取租金与利息等营业外收入。收入的增加，则意味着公司资产的增加或负债的减少。收入项目记录的包括当期收讫的现金收入，应收票据或应收账款，相关数据应当以实际收到的金额或账面价值为依据。

其次要分析费用项目。费用是扣除的收入。确认费用、保证费用扣除正确是公司盈利的前提。因此，分析费用项目时，首先要看费用包含的内容是否正确。确认费用需要贯彻三项基本原则，即权责发生制原则、历史成本原则、划分收益性支出与资本性支出的原则等。最后，分析成本费用的结构与变动趋势。费用结构是指各项费用占营业收入百分比，费用结构应当合理适当。各项费用的增减变动趋势直接反映了公司的管理水平和财务状况。

看利润表时，最好与公司的财务情况说明书结合起来。说明书中的内容包括：公司的生产经营状况、利润实现和分配情况、应收账款和存货周转情况、各项资产变动情况、税务情况；对下一阶段影响公司财务状况的事项预测等。财务情况说明书是财务分析中了解、评价公司财务状况的详细资料。

现金流量表中的信息都是公司现金流入与流出信息。现金流量表所指的现金不仅仅是公司财务部门里的现钞，还包括银行存款、短期证券投资、其他货币资金等。现金流量表中所记录的公司经营活动、投资活动、筹资活动所产生的现金收支活动，以及现金流量净增加额是分析公司的变现能力和支付能力的重要依据。通过现金流量表的分析，能够把握公司的生存能力、发展能力和适应市场变化的能力。现金流量共有5个来源，如图5-2所示。

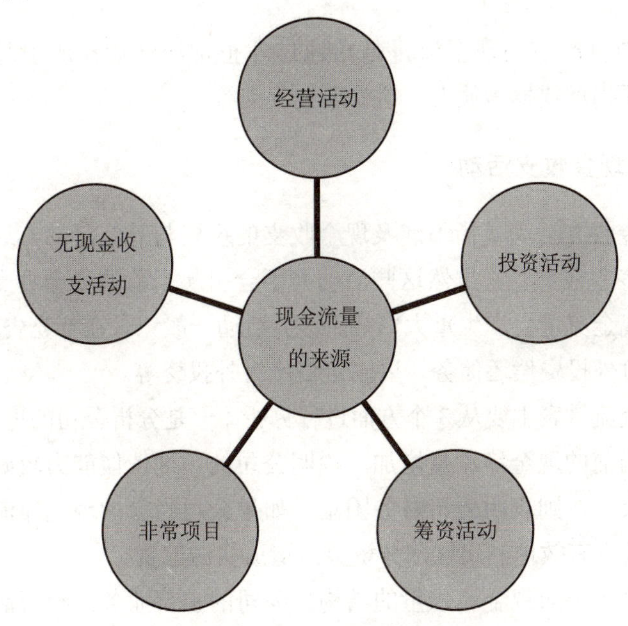

图5-2　现金流量的来源

1. 经营活动

来自经营活动的现金流量是指公司为开展正常业务而引起的现金流入量、流出量和净流量，比如，产品销售收入、出口退税等增加的现金流入量，购买加工原、支付税款和人员工资增加的现金流出量等。

2. 投资活动

来自投资活动的现金流量是指公司取得和处置证券投资、固定资产和无形资产等活动所引起的现金收支活动及结果，如变卖厂房取得现金收入，购入股票和债券等对外投资造成的现金流出等。

3. 筹资活动

来自筹资活动的现金流量是指公司在筹集资金过程中所引起的现金收支活动及结果，如吸收股本、分配股利、发行债券、取得和归还借款等。

4. 非常项目

非常项目产生的现金流量是指通过非正常经济活动所引起的现金流量，如接受捐赠或捐赠他人、罚款现金收支等。

5. 无现金收支活动

无现金收支活动是指不涉及现金收支的投资与筹资活动，这类信息对投资者而言非常重要。虽然这些活动并不会引起当前的现金收支，但对公司未来的现金流量会产生重大影响。这类活动一般记录在补充资料一栏里，比如，以对外投资偿还债务、以固定资产对外投资等。

对现金流量表主要从 3 个方面进行分析：一是分析公司的现金净流量。如果公司当前的现金净流量增加，说明公司的短期偿债能力较好，财务状况良好；反之，则表明公司财务困难。如果公司当前的现金净流量过大，说明公司没有有效地利用这部分资金，造成资源浪费。

二是分析公司现金流入量的结构。公司的主营业务是经营活动，经营活动是公司获得现金流量的主要手段。经营活动制造的现金流量越多，证明公司发展越稳定。公司的投资活动与筹资活动都是服务于经营活动的，这两种活动所发生的现金流量过大证明该公司财务的稳定性较差。三是公司的投资活动与筹资活动产生的现金流量。分析公司的投资活动时，应当注意公司是对内投资还是对外投资。

如果对内投资的现金流出量增加，证明公司的固定资产以及无形资产正在增加，这样的公司正在扩张，成长性较好；如果对内投资的现金流入量大幅增加，证明公司的经营活动没有充分利用现有的资金，资金的利用效率需要提高。对外投资的现金流入量大幅增加，意味着公司现有的资金不能满足经营需要，从外部引入了资金；如果对外投资的现金流出量大幅增加，说明公司正致力于通过非主营业务活动来获取利润。

二、不可不知的财报数据秘密

百度如同一个帝国一样经历过繁荣昌盛，但帝国并非长盛不衰的。2015 年 7 月 24 日，DCMCEO 峰会在美国旧金山举行。在峰会上，百度 CEO 李彦宏介绍了百度的宏伟计划——投入 30 亿美元打造 O2O 帝国。李彦宏还着重强调了“注意，是 30 亿美元”。然而，就在事情发生的 4 天后，百度 2015 年第二季度财报发布，百度股价出现了暴跌，创下 52 周以来历史新低，跌幅最高达到 17%，相当于超过一百亿美元的市值蒸发。

像 Google、Facebook 等公司一公布财报，其公司股价就会大幅上扬，而依靠技术发家的百度却陷入了迷局。在国内互联网三巨头“BAT”中，百度已略显没落，与市值超过千亿美元的阿里巴巴和腾讯不在一个量级上。很明显，对于百度用财报讲述的美好故事，华尔街的投资者们没有相信，也不支持百度最新的战略方向。百度计划打造的 O2O 帝国，就像是海市蜃楼一般没有根基。

百度的 O2O 新战略为什么没有赢得投资者的心？百度发布的 2015 年第二季度财报中是否隐藏了一些数据秘密？将大量资金投入 O2O 帝国建设的赌博会不会使百度成为盛转衰的生死节点？

在百度发布的 2015 年第二季度未经审计财报中，首次把 O2O 平台交易额（GMV）数据公布出来。数据显示，百度 2015 年第二季度 O2O 的交易总额为 405 亿元。业内人士认为，对于百度首次在财报中公布 O2O 的交易总额，百度的目的是向 O2O 领域的主要竞争对手美团和大众点评施压。2015 年 7 月初，美团公布了 2015 年上半年的交易总额为 470 亿元。

然而，百度财报中的数据并不像表面上看起来那样。仔细读一下百度发布的财报就可以发现，百度使用了特殊的计算方法计算百度的 O2O 交易额。百度糯米、百度外卖以及百度控股的去哪儿网的交易额合并产生了405亿元的交易额。按照去哪儿网公布的财报，去哪儿网2015年第一季度的交易额为300亿元，通过预期目标可以计算出去哪儿网第二季度交易额大约有350亿元。这样可以计算出来，百度糯米和百度外卖2015年第二季度的总交易额，其实仅为55亿元。

百度在进军O2O领域时是有焦虑的，从交易额特殊的计算方式可见一斑。目前，美团占据O2O市场的主要份额，已经设立了到店、外卖配送、酒店旅游三个事业群，猫眼电影也作为其旗下公司升级为独立的子公司。

为了赶超竞争对手，百度必须扩大战略规模，争取在战略规模上与竞争对手不相上下。因此，百度想到利用这样的手段拉来已独立上市的去哪儿网在财报中救场，降格对抗美团的酒店旅游事业群。然而，投资者没有被数字游戏和临时阵容打动，反而对以O2O为核心的“新百度”战略疑虑重重。

百度2015年第二季度财报显示，百度第二季度销售、总务和行政支出为38.90亿元，同比增长81.0%，增长来源主要是O2O服务的促销支出增长。相对应的是，百度2015年第二季度运营利润为34.70亿元，同比下滑2.5%。财报中还特别说明，百度2015年第二季度的运营利润减少了25.3%的根源是O2O及其他业务。

百度CFO李昕晢表示，“由于对O2O业务的投入比较大，下半年的（销售管理）SGA费用会增长80%～90%，2015年全年预计增长90～97%，远高于此前预期的50%。”

百度第二季度净利润同比增长3.3%，增速创历史新低，这让众多投资者感到忧虑。多家权威投行指出，国泰君安的理财分析师里基·赖（Ricky Lai）认为，由于开支巨大，百度应当不可能在短时间内提升盈利能力。

投资者对未来的担忧体现在了股价上。百度2015年第二季度财报发布当天，百度股价下跌8.57美元，报收于197.68美元，盘后交易时继续下跌至182.61美元。直到2015年7月29日，百度股价下跌至162美元，是2015年内最低价格。在互联网社交媒体上，网友纷纷发表自己的看法，并有网友扬言要去美股“抄底”百度。在人们纷纷质疑百度O2O战略的时候，这次的低点只是持续下跌的起点。

从百度的案例我们可以发现，公司财报数字背后蕴含着很多秘密。如果上市公司应收款账增长率达到30%，且应收账款/总资产达到50%，则表明该公司名不副实，严重潜亏着。资产负债表是财务报表中的主表，而利润表、现金流量表都是资产负债表的附表。

即便没有利润表，利用资产负债表中的数据也可以计算出同期的利润数额，只需比较资产负债表中的净资产期末数与期初数。即便没有现金流量表，利用资产负债表中的数据也可以计算出同期的现金以及现金等价物净增加额。而利润表与现金流量表只是有更加明细的反映而已。

我们可以利用一个公式将资产负债表和利润表联系起来。这个动态等式就是："资产 = 负债 + 所有者权益 + 收入 - 费用"。从这个等式我们可以看出，要想虚增利润，即收入 - 费用，就必须同时虚增资产或者虚减负债。由于虚减负债比较困难，所以大多数企业会选择虚增资产。

比如，进行利润操纵的上市公司，90% 与资产有关，只有大概 10% 会涉及负债。这个道理很简单，如果要操纵负债，公司就必须与债权人商量，而操纵资产是单方行为，无须与他人商量。

资产的"水分"就是披着资产外衣，隐藏在资产负债表中，对存续资产少提折旧和减值准备、少计摊销等，使其实际价值低于账面价值的费用。负债的"水分"主要隐藏在资产负债表"预收账款"、"其他应付款"中的收入，是那些永远都不会支付出去的负债。而所有者权益中的"水分"就是披着所有者权益外衣的抽逃资本、结转过来的造假利润，以及未及时转出的其他资本公积等。

上市公司与民营企业都有可能将资产负债表和利润表造假，但是两者有明显的区别。上市公司的报表造假，主要手段是将费用化的支出进行资本化处理，放到资产负债表中去，让资产负债表看起来肿大，资产虚胖。民营企业的报表造假，主要手段是想方设法将资本化的支出进行费用化处理，放到利润表中，让利润表面干瘪。

想要知道资产负债表、利润表以及现金流量表中的数据秘密，我们首先要搞清楚支出、费用及资产的关系。任何支出都会引起现金的增减变化，因此都要记录在现金流量表中。而支出是记入资产负债表还是记入利润表与支出的寿命长短有关。只管一年以内的支出就记入利润表，作为当期费用直接处理掉；管一年以上的支出就需要进行资本化处理，作为资产记入资产负债表。

利润表、现金流量表以及资产负债表三张表中的某些项目存在勾稽关系，比如，利润表中的“营业收入”、现金流量表中的“销售产品、提供劳务收到的现金”，以及资产负债表中的“应收账款”等项目是有勾稽关系的。在应交税费中的有关税金不变的情况下，“营业收入－应收账款、应收票据＝销售产品、提供劳务收到的现金”是一种简单的估算方法。实际上，利润表就是权责发生制表达的企业盈利；现金流量表是收付实现制表达的盈利。

利润不仅包括现金利润，还包括结合应收账款和营业收入去分析的应计利润；在公允价值计量的资产价值波动中分析的持有利润；到负债方去寻找，可通过债务重组变成的虚拟利润；政府补贴等外部注入利润。

有一些利润过多的依靠应收账款，被人们称为“白条利润”。一般来说，当经营活动现金净流量出现负数，而利润表上的利润却很可观时，就说明利润含有“水分”了。对于利润质量的具体分析，可以计算两个含金量指数：

1. 营业收入含金量指数＝销售产品、提供劳务收到的现金/营业收入。营业收入含金量指数以1.17作为判断标准。

2. 净利润的含金量＝经营活动产生的现金流量净额＋因投资收益收到的现金－财务费用＋处置长期资产溢余现金。净利润中的含金量指数＝净利润的含金量/净利润。净利润的含金量指数以1作为判断标准。

三、以数字的视角看雷曼兄弟破产

2008年9月14日，在政府拒绝提供帮助，收购退路断绝之后，美国第四大投资银行雷曼兄弟控股公司最终决定申请破产保护，轰动了全球的金融界。这是继垃圾债券德崇证券公司1990年破产之后美国金融界最大的一宗破产案。

2008年9月15日，雷曼兄弟申请破产保护的消息不胫而走，标准普尔500种股票指数期货立刻下滑3.6%，预示着美股即将面临大跌的命运。同时，美元与欧元的比价应声下跌。这一利空消息严重打击了欧亚市场，其中，印度、菲律宾、中国台湾等亚股股票跌幅超过了3%。而欧洲股市也发生了全面性大跌，英国、法国、德国跌幅都在3%～4%之间。

雷曼兄弟破产是一场金融风暴的开始。紧接着，华尔街乃至全球金融市场将会经历一场翻天覆地的变化。由于雷曼兄弟的资产高达6 100亿美元，占据美国金融业资产总规模的4%。因此，市场普遍认为美国政府应该会像接管“两房”（房利美、房地美）一样接管雷曼兄弟。然而美国财政部明确表示，“不会用纳税人的钱接手这个烫手山芋”。自救失败，美国政府也没有提供支持，雷曼兄弟申请破产成为必然。

一名在雷曼兄弟工作过的华裔员工的博客上留言在网上被疯狂转载：“饭后我走到雷曼大楼前，很多人在围观，有人窃窃私语，有人拿出手机拍照。这简直是《红楼梦》里贾府被抄家的景象。”自雷曼兄弟公司宣布破产之后，记者们开始将2.6万名雷曼员工作为追逐目标。雷曼员工穿着随意的牛仔裤、抱着装有自己物品的纸箱子、黯然的离开雷曼大厦的照片看起来非常心酸。

9月15日，雷曼员工纷纷被惊恐、愤怒、埋怨和沮丧的情绪笼罩着。华裔小姐在博客上称；“变故发生后，我试图发电子邮件给纽约的同事，却发现发出去不到一分钟，邮件就被退回了。那一瞬间，我盯着电脑屏幕，眼泪差一点就流下来。”

在华尔街，雷曼员工曾经是纽约市薪水最高的群体，如今却要为了找工作而烦恼。有大公司指出，雷曼员工的工作能力虽然非常好，但是因为市场形势不太好，只有一小部分人能够在其他金融机构重新找到工作，而另外一部分人应该会离开金融业。即使是那些重新在金融业找到工作的人，年薪也会大幅缩水。

还有一些人认为，雷曼员工已经积累了大量财富，现在市场不好，正好他们可以利用这段时间休假调整一下。等市场变好的时候，他们完全可以凭借实力和经验再去找份像样的工作。

雷曼兄弟曾经是华尔街上的巨无霸，有着“债券之王”之称。从曾经的辉煌时光走向破产的凄凉境地，雷曼兄弟给它的股东带来了巨大的损失，也引发了全球范围内的金融海啸。通过回顾雷曼兄弟迅速由盛转衰的历程，我们将从数字的视角分析其风险形成和业务失败的原因。

作为一家全方位、多元化的投资银行，雷曼兄弟公司的主要业务是为全球公司、机构、政府和投资者的金融需求提供服务。雄厚的财务实力使得雷曼兄弟成为其所从事的业务领域的领导者，是全球最强大的股票和债券承销和交易商之一。同时，公司拥有多名业界公认的国际优秀分析师，担任着全球多家跨国公司和政府的重要财务顾问。公司在帮助客户获得成功的过程中，与客户建立起长期互利的关系，并深感自豪。

雷曼公司的业务能力超强，经常得到业内人士的称赞。雷曼公司的客户群包括众多全球知名公司，如阿尔卡特、美国在线时代华纳、IBM、英特尔、戴尔、沃尔玛、富士、美国强生、默沙东医药、摩托罗拉、NEC、百事可乐、菲利普莫里斯、壳牌石油等。

2008 年 6 月 16 日，雷曼兄弟发布的财务报告显示，公司 1994 年上市以来首次出现亏损，第二季度（至 5 月 31 日）公司亏损 28.7 亿美元，前年同期则盈利 12.6 亿美元。雷曼兄弟净收入为 -6.68 亿美元，而前年同期为 55.1 亿美元。

雷曼兄弟 CEO 理查德•福尔德（RichardFuld）马上采取了一系列措施，通过发行新股募得 60 亿美元资金，并且将公司首席财务官和首席营运官全部撤换。2008 年 6 月 16 日，雷曼兄弟股价有所上升，但股价累计下跌了 60%。2008 年 9 月 9 日，由于价格谈不拢，雷曼兄弟与韩国产业银行（KDB）关于收购的谈判中止，雷曼兄弟股价受到重挫，下跌 45%。

2008 年 9 月 10 日，雷曼兄弟发布 2008 年第三季度财务报告以及数项重组战略方案。报告显示，雷曼兄弟第三季度亏损高达 39 亿美元，创下公司 158 年历史上最大季度亏损。2008 年第三季度，雷曼兄弟房地产减值 78 亿美元抵押证券敞口，全年减值共计 172 亿美元，占相关资产总额的 31%。财务报告公布之后，雷曼兄弟股价继续下跌了 7%。雷曼兄弟股价从年初 60 美元以上跌至 7.79 美元，在短短 9 个月的时间里下跌近 90%，市值仅剩约 60 亿美元。

当从外部获得资金的努力失败后，雷曼兄弟不再寄希望于外部投资者。雷曼兄弟宣布将持有的英国市场上的住宅房地产抵押证券的投资组合全部出售，并希望在几周内完成交易。同时，雷曼兄弟还有另外一个主意，在 2009 年第一季度抽出 250 亿～ 300 亿美元的商业房地产投资组合，并使其独立成为一家公开交易的公司，从而在金融风暴中得以生存。

然而雷曼兄弟依然还是破产了。2008 年 9 月 14 日，美国银行、巴克莱银行等潜在收购者相继退出收购雷曼兄弟的谈判，直接原因是美国政府拒绝了为收购提供保证。就这样，拥有 158 年历史的雷曼兄弟面临破产。9 月 15 日，雷曼兄弟宣布将申请破产保护。

雷曼兄弟的破产公告称："雷曼兄弟依照美国银行破产法第十一章，向纽约南部的联邦破产法庭提起破产保护。雷曼兄弟所有从事经纪业务的分支机构及雷曼兄弟的子公司，包括 Neuberger Bemanan Holding 和 LLC 等子公司，均不受此影响，将继续正常交易和营业。

由次贷危机导致的美国金融危机造成了雷曼兄弟破产的结局，而雷曼兄弟破产又反过来加剧了金融市场的动荡。在分析雷曼兄弟破产的原因之前，首先要了解美国的次贷危机，而资产证券化被称为次贷危机的温床。图 5-3 所示为对雷曼兄弟破产的原因分析。

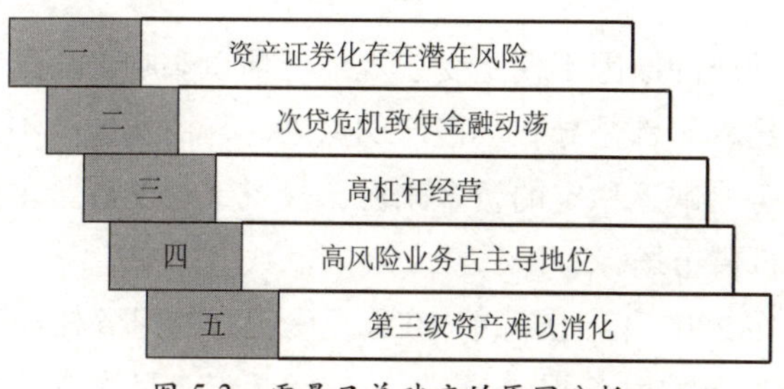

图 5-3　雷曼兄弟破产的原因分析

1. 资产证券化存在潜在风险

资产证券化为金融市场带来了潜在风险。资产证券化是指将流动性较低但具有稳定现金收入流的资产聚集到一起，通过结构性重组及信用增级将其转化为在金融市场上出售和流通的证券。但是资产证券化的衍生层次越来越多，导致信用链条被越拉越长。

比如，最初的房屋抵押贷款要经过借贷、打包、信用增持、评级、销售等繁杂阶段才能到达最后的担保债务凭证（CDO）等衍生产品。这个过程设计有 10 多个不同机构参与，存在突出的信息不对称问题。这就导致如果市场情况逆转，中间参与各方都会遭受重大损失。

2. 次贷危机致使金融动荡

从2000年起，美国政府就开始想方设法通过各种手段拉动经济增长。首先，政府通过低利率及减税政策，鼓励居民购房，从而带动美国房地产大涨。由于市场竞争激烈，金融机构开始降低住房信贷者准入标准，大量发放次级贷款。然后，金融机构会把这些贷款卖给投资银行，投资银行再将其打包成次级房贷债券进行出售。

在房价上涨的情况下，并没有显现出什么风险。然而随着政府提高利率，房地产市场开始有了大逆转，房价迅速下跌。大幅攀升的利率使得很多贷款人根本无法按期偿还借款；同时，住房市场持续降温也使得购房者在出售住房或者通过抵押住房再融资变得相当困难。这就引发了次级抵押贷款机构亏损或破产，投资基金被迫关闭，金融市场剧烈震荡。

3. 高杠杆经营

雷曼兄弟破产的原因不仅是受宏观经济环境影响，其营运模式、主营业务以及资产结构等都是导致其破产的原因。与商业银行不同，投资银行不经营储蓄业务，缺乏稳定的资金来源。投资银行的资金主要来源于债券市场和银行间拆借市场。

据统计，在2007年，国际前10大投资银行的财务杠杆比率达到了30倍之高。雷曼兄弟的财务报表显示，自2007年7月次贷危机开始，雷曼兄弟的财务杠杆率（总资产 / 总股东权益）就一直在20倍以上。2007年8月31日，其杠杆率为30.3倍；2008年2月底，其杠杆率达到31.7倍的高峰；直到2008年8月31日，其杠杆率有所下降，为21.1倍。

如果一个投资银行的财务杠杆率为30倍，在资产价格上涨的情况下，公司只要赚得1%就相当于赚到股本的30%的收益，而一旦价格下跌，亏损了3.3%，就意味着面临破产。自2007年夏天开始，美国住房市场价格就开始下降，到2008年9月已经下降了20%，而商业房产的价格降幅相对较小。持有大量相关资产的雷曼兄弟迅速被不断贬值的资产所侵蚀，资本金不足，过度举债以及监管的放任最终让雷曼兄弟倒在了这场金融危机中。

4. 高风险业务占主导地位

在华尔街，经营债券业务的各大证券公司和投资银行各有分工，雷曼兄弟的主要业务方向是以债券和债券衍生品为主。2006 年，雷曼兄弟在次级债券承销商中居于首位，大约占据整个美国抵押债券市场份额的 11%，2007 年上升至 12.1%，成为华尔街打包发放住房抵押贷款证券最多的银行。

次级抵押贷款违约率与次级债券金融产品的信用评级和市场价值有着紧密的联系。由于次贷危机爆发后，次级抵押贷款违约率大幅上升，因此次级债券金融产品的信用评级和市场价值呈直线下降。雷曼兄弟持有的债券总额在 2008 年第一季度是 6 394 亿美元，在总资产中占到 82.4% 的比重。在 2008 第二季度是 5 167 亿美元，在总资产中占到 80.8% 的比重。

这类资产的大幅减值对雷曼兄弟的利润影响巨大。最终，雷曼兄弟曾经的主要收入来源成为拖垮雷曼兄弟的罪魁祸首。由于过分依赖于固定收益类业务，在整个动荡的金融环境下，雷曼兄弟根本无法脱身。

5. 第三级资产难以消化

一般来说，第三级资产估价很难，甚至可以说是无法估价。因为这类资产不能在市场上进行交易，所以这类资产的市场价值只能根据假设进行模型计算，经过多次打包和分割后的衍生产品就属于第三级资产。

2008 年第二季度，雷曼兄弟持有的第三级资产估价为 413 亿美元，其中房产抵押和资产抵押债权共 206 亿美元。当金融市场情况恶化、信用降低时，这 400 多亿美元的第三级资产的价值下跌，给雷曼兄弟带来重大的损失。同时，雷曼兄弟在市场上找不到买家，无法变现雷曼的股东权益。仅有 263 亿美元的第三级资产成为无法消化的“垃圾资产”。

四、普华永道教你如何规避财务陷阱

普华永道会计师事务所（PricewaterhouseCoopers）是世界上顶级的会计师事务所之一。1998 年，普华会计师事务所和永道会计师事务所在英国伦敦合并，形成了当今的普华永道。2008 年，普华永道获得超过 280 亿美元的利润，拥有 146 000 名以上的员工，遍布全球 150 个国家或地区。在福布斯全球排行榜上，普华永道位列全球企业的第三名。普华永道与毕马威、德勤和安永一起被称为国际四大会计事务所。

普华永道向全球各个国家提供全方位的业务咨询服务。在中国，普华永道拥有 4 000 多名员工，实力雄厚、覆盖地域广大，在北京、上海、广州、天津、重庆、深圳、大连、青岛、西安、厦门及沈阳等地设有办事处。

南京仁杰电子公司的员工总共不超过 20 人，却在电子产品的激烈竞争下始终保持较高的盈利水平，与其创新财务理念不无关系。对此，普华永道进行了分析。

企业存亡已经不足为奇，在风口浪尖上大赚一笔的企业也非常多。正确的决策是企业成功的关键。一提决策，大家的第一感觉常常是要慎重再慎重。其实，任何事情只要坚持优秀的理念，踏踏实实的往前走，成功也就离你不远了。南京仁杰电子公司是一家成立于 1995 年的私营企业，注册资金 300 万元人民币。该电子公司的经营范围是代理国内和国际品牌的通信产品，属于商品流通单位，也负责对终极用户的安装。

很多中小企业都非常重视成本控制，并在成本的节约上没有底线。事实上，节约成本也应当有原则。南京仁杰电子公司为了节约人员的开支，对成本的控制采取了不同情况不同对待的方法。对于少量的终极用户安装业务，多采用临时聘请熟识的工程队；对于机器的日常小规模维护，则采用对业务人员进行普及技术培训的方法；而针对高端机器的紧急修理则采取和上游厂商签订维护协议的方法。

技术创新是降低产品成本的根本方法。从短期来看，技术改造需要投入，开发新产品也需要投入，这些都是增加成本的因素。但从长期来看，技术改造不仅可以获取更大的效益，而且有利于争取竞争的主动权，它所带来的增利因素要大于其投入的成本因素。

南京仁杰电子公司财务部只有 4 名会计。尽管会计数目不多，但他们的财务工作却对整体公司的运作起到了强大的约束作用。南京仁杰电子公司推行的是“人人参与财务管理”的模式。在公司的走廊以板报的形式，由财务人员每天按照合同的具体条目更新现金回收状况。财务板报的出现引发了公司每一位员工的关注。业务人员经常通过它来查对，讨论并通过它来跟进自己负责合同的收款进度；主管也可以通过它来获得对二级经销商回款情况的估计。

这样一来，每个人都可以从板报上获取自己想要的信息。在公司，应收账款在收回前只不过被看成是一项市场费用，如果还没有收到货款，就不能算作销售已经完成，也没有客户满意度，当然也不会给相应的销售人员支付佣金。“人人参与财务管理”的模式，极大地调动了销售人员的积极性，杜绝了销售人员只管签订合同而不管实际收款的情况。

如今，很多企业都开始实行销售收款责任制，销售人员不仅负责推销产品，还需要负责收款，并把催讨货款与销售人员的奖金相挂钩，这是防范应收账款风险的有效措施。实行这种制度，应注意激励和约束的平衡关系。如果企业的业务量较大，可以建立应收账款的计算机管理系统，利用计算机对客户实施适时监控。

在补货机制上，南京仁杰电子公司对每月的销量都会进行细致的统计记录，并设定管理软件中的库存模式，一旦存货低于警戒线即立即补货。由于长期经营的经验，该公司的存货占用资金总是保持非常低。

因为南京仁杰电子公司的业务主要是订制机器，所以和厂家协调就显得非常重要。他们与长期合作的生产企业之间都制定了详细的协议。对于设置的付款比例是按照与买方合同的收款比例同步的，这样就大大降低了由于付款时间差距引起的对现金大量占用的风险，也对厂家为机器设备安装期间提供的售后服务起到了一定的牵制作用。

有时候，小型设备的需求量会有突发性浮动，他们总是采用向同行调货的方式实现。虽然比直接从供货商调货价高，但由于次数少，相比起来也比囤积大量库存占用流动资金要合算得多。

这个规模小，却注重吸收先进技术的公司运用管理软件进行库存管理，在保证存货供应、节约存货占用资金方面做得非常好。目前大多数的贸易类企业采取零存货的方式，按单订制直接供应给客户，避免了存货因价格变动导致损失的风险。也有很多企业实施企业流程再造（BPR）、企业资源计划系统（ERP）等，这些都是提高企业的运转速度的手段。

付出就应当有回报，很多财务人员也认为依靠勤奋与天赋就可以得到更多的机会与报酬。然而令很多精明与敬业的财务人员沮丧的是，天资与勤奋并没有使他们在职业生涯中更为出众，原因何在呢？普华永道对很多杰出的财务专家的成功经验进行了分析。结果发现他们并不是比那些逊色的同行更加勤奋和聪慧，而是避开了财务工作中的一些陷阱而已。这些陷阱就是一些资深会计师、分析师和财务经理们雄心壮志的真正杀手。

下面，我们列出了普华永道提出的有关财务应当规避的六大陷阱，希望可以为财务人员提供参考依据，从而在工作中避免陷入财务陷阱，进而实现自己的雄心壮志，如图 5-4 所示。

一	关注已知，回避未知
二	注重计量，忽略创造
三	关注成本，忽略价值
四	关注自身，忽视整体
五	墨守成规，缺乏创新
六	埋头工作，默默无闻

图 5-4　六项应当规避的财务陷阱

1. 关注已知，回避未知

喜欢确定和精确是财务人员的普遍特点。可以说，一个习惯模糊和不确定的人是做不好财务的。正因为如此，财务人员自然而然地更加关注那些可观察和可测量的确定的事情。具体来说，财务会计关注历史数据，历史是无法改变且无法改善的，改善的可能性只能在于未知的未来。而成功恰恰来自于这未知的领域。企业的未来都是由未知的机会与风险主宰着。

高层领导者应当在未知上多下功夫，学习掌握透过内在的不确定性洞察未知事项的知识与技巧。如果认识到这一点，财务人员应该寻找机会，在规划未来、操作新投资项目等充满不确定性的领域发挥才能。

2. 注重计量，忽略创造

财务人员如同篮球比赛的记分员，只是计分，却不得分。19 世纪英国科学家罗德·凯文（Rhodes Kevin）曾经对于计量与改良的关系进行了明确界定，他说："计量是改良的前提。几乎没有一个案例可以说明一个公司自始至终地将计量的结果有效地转变为改良的动力，而绝大多数财务人员所做的工作就是计量。计量本身并不能创造价值，只是当改良发生后，计量的数据才具有实际指导意义。财务方面的高层管理人员懂得这个道理，因此他们不仅关注发生了什么，还更关注可实现的改进措施。"

3．关注成本，忽略价值

很多财务人员只知道计算事物成本，却对其价值一无所知。一般来说，历史成本具有可计量、确定、风险小的计量属性，因此成为财务核算的主要内容。尽管会计师与分析师们为了降低成本拼尽全力，却没有取得什么成果。压缩成本其实很简单，只要停止任何与生产产品或提供服务有关的开销，就可以达到零成本。零成本意味着没有创造价值，不创造价值意味着失去客户，没有客户则企业就无法生存。

另一方面，降低售价是为客户创造价值最简单快捷的方法。因此，以最低的成本为企业、客户以及其他关键的利益相关者同时创造价值才是最大的挑战。企业应当明白，赚钱不是唯一目的，还要为社会创造价值。

4．关注自身，忽视整体

大家应该有这种经验，每当企业内部发生争议的时候，总会有人说："这不是我们部门的事"。如果财务人员仅仅将自己的工作局限于本部门的话，那么就陷入了另一个陷阱。本位主义使人们只关注自己的部门而忽视了构成企业整体的其他部门。

一个优秀的财务人员擅长用换位思考的方法，走出财务部门，去为企业创造更大的价值。只有了解到企业各个部门和人员的真正需求，才能做出科学的决策，为整个企业创造价值。通常来说，财务方面的高层领导一旦把眼光投向部门以外，熟悉其他部门与人员的职能，就可以铸造良好的部门之间合作关系。

5. 墨守成规，缺乏创新

财务人员很容易陷入墨守成规、缺乏创新的陷阱。他们习惯于使用过去所学到的知识和技能，以前积累起来的经验，以及前任教授的习惯做法，很少去质疑和挑战这些习惯做法。优秀的财务人员应当寻求机会，进行改进创新，并努力贯彻执行。

那些眼界开阔，思想开放，关注新方法，为企业创造更多价值的财务人员常常能得到其他人的欢迎。例如，各种各样的改善财务工作成果的最新方案往往是学校里学不到的东西。而且，很多有经验的审计和咨询人员也不一定能看到大规模的改善和提高，因为他需要的是无法用金钱来衡量的投资，而这种投资可以减少需付工资的劳动时间。

6. 埋头工作，默默无闻

很多财务人员兢兢业业，希望通过工作证明自己的能力，然而却得不到周围人的认可。这是为什么呢？他们往往不善于推销自己，周围人并不了解他做了什么，也无法判断他的能力，除非他主动向别人汇报自己的工作。这种沟通不需要呆板的商业面孔，也不需要泄漏商业机密，它应该是一系列精巧而诚恳的暗示，让对方知道你是如何帮助企业实现目标的。

下　篇

听理财大师讲如何打理你的财富

第六课

听沃伦·巴菲特讲投资风险

1930 年 8 月 30 日，“股神”沃伦·巴菲特（Warren Buffett）出生在美国布拉斯加州的奥马哈市。他秉持简单、聚焦的原则，以企业经营者的心态投资股市，在不到 50 年的时间里，聚集了庞大的财富王国，创造了从 100 美元到 720 亿美元的财富神话。2009 年，美国《福布斯》杂志在纽约公布了 2008 年全球富豪排名，巴菲特名列第一，成为全球首富。

当巴菲特还是一个青少年时，他就已经非常擅长投资。截至 16 岁时，巴菲特通过投资赚了 53 000 美元。尽管他对上大学学习商业知识没有丝毫兴趣，但是他还是听从了父母的决定去了宾夕法尼亚大学。

1950 年春天，巴菲特还差几个学分就可以毕业了。这时的他开始向往哈佛大学的正规教育，即哈佛商学院——培育了大量企业家、美国总统和寡头的摇篮。当时的巴菲特已经明确了自己的人生目标，就是在最短的时间内成为富有的人。他希望在 35 岁前成为百万富翁，依靠金钱获得安全保障和自由。

巴菲特清楚地认识到哈佛商学院能提供自己一些学不到的东西，即人际关系和声望。因此，巴菲特坐上了去芝加哥的火车，参加哈佛商学院的入学面试。巴菲特信心满满，在面试之前跟一位同样在参加面试的朋友说哈佛大学见。

然而，事情并不如巴菲特所愿。巴菲特的确凭借丰富的投资理财知识获得了面试官的一致好评。然而哈佛的使命是培养领袖。作为一个沉迷于投资的 19 岁神童，巴菲特从未想过要成为一名领袖。后来巴菲特回忆称：“我看起来像 16 岁，但情商方面仅约 9 岁。我的面试时间仅为 10 分钟，而面试官已经对我的能力进行了评估并拒绝了我。”

后来，巴菲特将这次被哈佛大学拒绝的遭遇当成人生中的一件大事。后来巴菲特辗转申请了哥伦比亚大学并被成功录取。如今的巴菲特已经成为全球著名的投资大师，还是伯克希尔 - 哈撒韦公司的 CEO。

巴菲特在 2004 年的股东大会上讲述了自己的风险观，也透露了自己控制风险的核心原则和手段。他说：“深入思考是控制风险的最好办法，而非投资组合。真正的风险是投资者自己都不知道自己在做什么。”这句话表明了巴菲特的风险观和风险管理原则。

从价值投资的角度来看，一旦你投资的企业破产了，那么投资风险已经无法回避。但即使在这种情况下，巴菲特也认为风险的发生并不是企业的问题。巴菲特不认为企业的破产导致投资者自己陷入了风险，而是强调了投资者之所以遇到风险，是因为缺乏深入思考，而且不知道自己做了些什么。

如果投资者遇到一个破产的公司，只能说明他没有思考、没有研究、没有分析、没有调查，因此不知道自己在做什么。在巴菲特的风险观里，投资者遭遇风险的责任完全在于主观投资者，而非客观基本面。

巴菲特称："如果投资者能够通过深入思考提前预判基本面的未来变化，哪怕这个公司真的破产也伤害不了投资者。"在20世纪90年代，两房曾经是巴菲特的主要股票，然而就在金融危机暴发的前几年，巴菲特毫不留情的清空了两房。

金融危机暴发后，两房面临破产危机，大量的两房投资者几乎亏掉了全部的投资。由于巴菲特在几年前全身而退，损失重大的投资者开始将矛头指向巴菲特，认为巴菲特依靠内幕消息才及时退出了两房，美国临管机构因此对巴菲特进行了调查。

之所以提前从两房退出，巴菲特称："基于自己的研究和分析，两房的收益水平不符合其所在行业的一般情况，因此包含着某种潜在风险，基于此自己退出了两房。"凭借着深入研究以及敏感的察觉能力，巴菲特历史性地避免了两房崩溃的风险。巴菲特常常可以将投资风险降到最低，这完全依靠分析和研究，通过深刻研究形成了对没有发生的潜在变化的提前预知。

从巴菲特的亲身经历可以得出这样一个结论：投资者之所以发生风险并不是因为企业基本面的恶化，而是投资者有没有在企业基本面恶化之前提前预知。从这个角度来看，投资风险与投资者自己的所作所为密切相关。

当客观基本面发生变化时，投资者会不会受到伤害完全决定于投资者是否预先判断到了风险的发生。如果投资者没有预判到基本面的变化，唯一原因就是思考的深度不够，调查研究的工作不到位。而传统观点总是认为投资者之所以遭遇风险完全归咎于基本面，投资者没有识别到基本面的风险是理所当然的。

认识到投资风险来自于投资者的认知深度不足之后，就可以明确控制风险的方法。投资者要做到深入思考，对自己投资的公司有深刻的认知，而且是超过大众的，努力做到提前预知企业基本面的潜在变化。为了达到这种效果，投资者需要专注，将全部精力集中在有限的几个自己懂得的公司上，做持续的深入思考，从而得出超越大众的提前预知，这就是风险控制的根本方法。

思考的深度是风险控制的关键，为了保证深度，就必须放弃广度和多元化。自然法则决定了一个人不可能成为众多领域的专家和佼佼者，要想成为一个有认知深度的投资专家，就只能在有限的领域里下足功夫。从逻辑上来说，无所不通的专家是不存在的，越有深度，范围就要越集中，这就是巴菲特终身集中投资的根源。

巴菲特控制风险的方法不依靠投资组合，这与教科书中宣扬的只有分散投资才能避免风险的内容是完全相反的。分散对认知深度没有丝毫帮助，反而扩大了风险。分散化的投资组合只能给投资者一种心理上的自我安慰，而各种各样的投资者并不是特别了解公司的构成了一个组合，这个组合通过扩大投资者的未知，从而扩大了投资风险。

一、考虑最坏的情况

“股神”巴菲特在预想投资风险与挫折方面在投资界堪称表率。考虑到股票投资的高风险，巴菲特常常做最坏的打算：“我从来都不会期望通过股市买卖股票赚钱。当我买入股票时会假设股市第二天即将关闭，甚至在 5 年内股市都不会重现开始。”巴菲特对风险的设想，造就了伯克希尔 - 哈撒韦公司伟大的投资事业。

在股市里，各种因素都具有不确定性，股票上涨还是下跌不确定，上涨或下跌多少也不知道，上涨或下跌的时间更不确定，因此股市具有非常高的投资风险。将暂时不用的闲置资金拿来投资是投资股市的第一原则，其次是在投资时要按照三分法来合理配置，即在储蓄、保险、股票之间做出最合适的分配，在最大限度上分散投资风险。

股市投资者的最终目的都是获利，但真正在每年年终盘点时盈利的投资者却并不多。因此，投资者需要常常自我反省。进入股市之时，投资者首先应该考虑的不是能够赚多少钱，而是考虑最坏的情况，是否可以保证成本。投资者要明确自己能够承担的最高亏损比例、最大金额是多少。

不是任何人都能够承担投资失败的风险。投资者必须具备一定的风险控制能力与手段，投资者可以考虑这样几个问题：如果股市状况不好致使自己出现一定比例的亏损时，能否做到立即止损全身而退？在市场趋势向下的时候，能否耐心空仓等待直到机会来临？自己有没有频繁交易的坏毛病？自己的操作习惯有没有不恰当之处？对于投资纪律，自己能否严格执行？自己有没有时常反思的习惯，通过总结经验教训及时改正错误？

在进入股市之前，如果投资者思路混乱，没有一套成熟的投资模式，再加上风险控制能力较低，投资股市可能会造成重大损失，这样还不如将资金存到银行得到稳定的微薄利息更划算。同时，也要看到投资不是生活的全部，只是生活的一部分。时常看到周围有许多职业股民，整日到证券公司的大户室、交易大厅按时“上班”，还有一些对股市感兴趣的业余股民，每个交易日紧盯大盘走势，目不转睛、须臾舍不得离开观察即时行情。

2007年，美国次级按揭房贷危机爆发，影响了全球各地的金融市场。在这一事件中，次级按揭借款人是最大受害者。下面，我们用次级按揭借款人所犯的错误，来提醒广大投资者如何避免在未来投资生涯中犯下类似错误。投资者不需要避开对不动产的投资，而是要更加精明地做好投资规划、执行投资，最终获得理想收益。

美国次级按揭贷款危机的起源为美国众多次级信用者，即收入不高或工作不稳定的人。他们被美国按揭贷款中介机构的花言巧语所蒙蔽，没有考虑清楚就购买了他们根本负担不起的房子，并负担上高额的按揭贷款。

按揭贷款中介机构经常使用的一个非常有趣的谎言就是房地产会越涨越高，如果不买将来必定会后悔。如果放眼未来10年、20年，这种说法是非常有道理的，因为随着时间的推移物价上涨是必定的。但是这不表示买房在任何时间去做都对，尤其是对于收入低下的人群。

次级按揭贷款中介商为了自己获利，不仅会编织谎言欺骗那些没有负担能力的人去买高价房，而且在征信时造假，完全不查实客户的年收入与年支出。更让人气愤的是，他们在贷款的利息条件上做手脚，引诱大家向他们借款。比如，30万美元的房贷，他们会说可以借27万～30万美元，而前3年利息非常优惠，只有3%。

许多人经过计算发现，如果借 30 万美元，每年只需交 9 000 美元的利息，而借 15 万美元的正常利息为 9 750 美元（正常 30 年贷款利息约为 6.5%），两者相比，当然是借 30 万美元更优惠。再加上通过转卖房子即可大赚的引诱，很多人都选择了贷款买房。然而，这些美国民众没有看到的是，贷款 30 万美元第 4 年的贷款利息将会升至 7% 以上。到时候，贷款人不仅要负担起每年 2.1 万美元的利息，还要开始偿还本金。

这个案例告诉大家凡事不要只看片面，要从全局考虑，做出财务规划，最重要的是要考虑最坏的情况。信诚基金管理公司董事、英国保诚集团大中华区投资基金总裁曹幼非称："如果一般美国人家庭收入不高，或者失业的话，要考虑还可以撑多久，毕竟这世界的变数很多。所以当您被迫卖房时，最大的亏损是多少？如果失业的机会大的话，现有的存款，可否让你撑过这一段找工作的中断期？"

2016 年年初，全球股市情况非常糟糕，金融频发警报，魅影重现，危机重重。随着原油持续大跌，日负利率引发了多米诺反应，欧美股市持续下跌，屡创历史新低，造成金融股异动。对于投资者来说，一定要考虑最坏的情况，做最坏的打算。

然而，无论是牛市还是熊市，总是有一些投资者持续盈利，在大涨时追高，在大跌之前果断出局。相比之下，有一部分投资者，在牛市可以勉强依靠行情获利，却在熊市时避免不了被套的命运。如果投资者能够参透此中的玄机，就离成功不远了！如图 6-1 所示，我们总结了大部分投资者亏损的原因，希望可以为那些常被深度套牢的投资者提供参考。

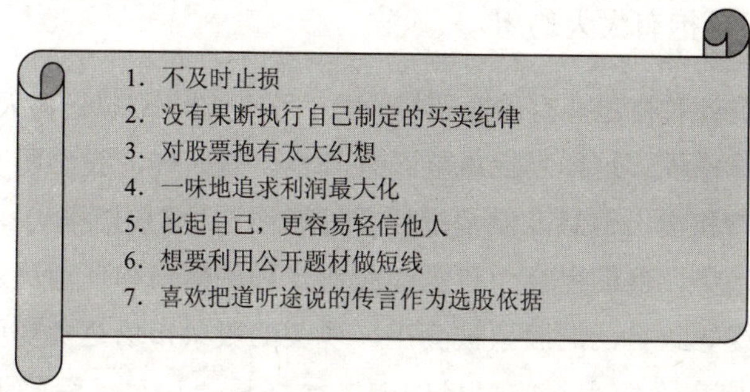

图 6-1　大部分投资者亏损的原因

1. 不及时止损

很多投资者都懂得这个道理，但是由于心理问题就是无法下手。投资股票一定要有一个止损点，因为谁都不知道一只正在下跌的股票会跌多深。投资者如果为自己设置了止损点或者止损位，就相当于为自己的股票安装了一根保险丝。如果股价持续下跌，对于有止损点的投资者来说，只是烧坏了一根保险丝，不会造成重大损失。拥有止损的勇气是一位投资者必备的基本素质，5% 是比较合适的止损位。

2. 没有果断执行自己制定的买卖纪律

很多投资者通过观察分析发现了一只牛股，并顺利买入。尽管该股确实上涨了，如果投资按照原计划一旦该股涨到多少就应当卖出，但投资者看到股价还在上涨，于是抱着一种再等等的贪婪心态，没有果断执行自己制定的买卖纪律。当股价突然掉头向下时，投资者又觉得此时卖出心有不甘，于是自我安慰说反正也没有亏本，等它涨了再卖吧！

就这样，投资者眼睁睁地看着自己苦等到的利润一点点的没有了。事实上，投资者都有这种贪心和侥幸的心理，但是投资者要明白贪婪是股票投资的大忌。在实际操作中，投资者如果能够保持冷静头脑，做到不贪得不妄想，严格执行自己制定的买卖纪律，就能够尝到胜利果实，避免很多不必要的损失。如果遇上强势上涨的个别股票，投资者可以适当调高目标价位，但一到目标位就应果断了结，千万不要让胜利果实付诸东流。

3. 对股票抱有太大幻想

很多投资者对自己持有的股票抱有太大的幻想，幻想它每天都会上涨，会突然来个涨停板，这样自己就能一夜暴富。有时候，股价明明出现了上涨乏力的状态和卖出信息，但是投资者可能被这种幻想蒙蔽了，即使股价出现了下跌趋势，他们也会为自己的股票找种种借口和理由逃避真实的盘口信号，最终导致自己的股票被套牢。现实的股票市场是真实而残酷的，投资者如果抱有不切实际的盲目幻想，最终只会让自己深陷泥沼而无法自拔。

4. 一味地追求利润最大化

有些投资者本来已经选定了一只好股票，走势也不错，只是增长缓慢，于是便耐不住性子想先抓一只热门股做一下短差，之后再拣回原来的股票。这些投资者往往是赔了夫人又折兵。慢车换快车的操作难度非常大，而且具有以下两种风险：

当投资者发现热门股时，热门股必定已经有了一定的涨幅，随时都有回落的危险；起先看重的走势稳定的股票在经过小幅上涨或强势整理后随时会拉长阳，抛出容易踏空。如果短线不幸失败，投资者又没有及时止损，后面的机会就错过了。

很多投资者都知道高抛低吸、滚动操作是赚钱的好办法，也计划了要这样做。然而，一年下来，投资者发现自己并没有按照原定计划走，原因就是抛出后没有耐心等其回落，经不住诱惑又想先去抓一下热点，做短差，结果适得其反。

5. 比起自己，更容易轻信他人

很多投资者本身具有一定的分析水平，掌握了很多分析方法和技巧。可当自己精心研究看中一只股票，准备买进时，只要身旁的股民随便说说“这只股票前景不好，不如 ×× 有潜力……”立即就改变主意放弃买进或改买 ×× 股。一旦 ×× 股下跌而自己选的股涨起来时，只能后悔不已。

6. 想要利用公开题材做短线

大多投资者都明白见利好出货是最好的选择，可很多投资者看到某公司年报优良或有重组消息公布时，还是忍不住要挂单买进。这些投资者的小算盘是在当天涨停价时买进，在第二天开盘冲高时抛出。然而 80% 以上的投资者最终会在高位套牢。当前市场还不规范，一般企业在公布业绩优良的年报前，股价都会有很大的升幅。

7. 喜欢把道听途说的传言作为选股依据

有些投资者喜欢打探小道消息，总是将道听途说的传言作为选股依据，这样的投资者最容易成为庄家出逃时的牺牲品。投资者需要打探消息，但是一定要辩证地去分析和采纳，这样才能保证不会在股市中吃亏。

股市正常运行的方式有三种，一是上涨，二是下跌，三是盘整。任何一种走势的发生都有很大的可能性。如果投资者只喜欢牛市的上涨，而害怕或无法承受熊市的下跌，那么这样的投资者很容易被股市淘汰。

投资股票非常考验人的思维和心态，有了正确的思维与好心态，然后再找到恰当的方法，你就能在股市中纵横驰骋。经营人生亦是如此，我们需要成熟的心态、正确的方法、掌握一定的技巧，这样才能成为人生赢家。

二、只做看准的交易

每年一度的伯克希尔•哈撒韦公司股东大会都聚集了上千位世界范围内的商业精英们，他们是来看“股神”沃伦•巴菲特（Warren Buffett）的，但他们也对就座于巴菲特一侧的合作伙伴查理•芒格（Charlie Munger）兴趣盎然。事情通常是这样展开：巴菲特认为在合适的时间内回答完一个问题后，末了转向一旁的芒格问道：“查理，你有什么需要补充的吗？”芒格静坐在那里，回答道：“没什么要补充的”。

这种情景一年又一年的重复着。巴菲特是神祇，而芒格则长期处于神祇的阴影之下。对于很多公司的合伙人来说，这种关系是非常尴尬的。巴菲特享受着全部的曝光度、知名度、荣誉以及最重要的财富，而芒格却称不上是一个商界明星。然而这两个老人就以这种关系相处了近40年，伯克希尔公司的成功说明了一切。芒格一直都是一个幕后的指挥者，而巴菲特通过服从芒格的指导，被人们冠以“股神”的皇冠。

巴菲特与芒格非常相像，认识他们的人都认为，他们俩近乎于同一个人。“华尔街教父”格雷厄姆（Graham）说：“沃伦和查理的相像让我印象深刻，无论是声音、举止还是幽默感。他们互相捉弄，让彼此出丑，然而在我看来，他们两个人的组合是智慧非凡的”。事实上，创业合伙人的性格应当有所区别，以便于求得互补，而巴菲特与芒格已经完全超出了这种限制。

在芒格成为巴菲特的老师与秘密武器之前，巴菲特最崇拜的是“华尔街教父”格雷厄姆。巴菲特之所以到哥伦比亚大学读研究生就是为了听格雷厄姆教的投资课程；大学毕业后，巴菲特得到前往格雷厄姆创办的公司工作的机会，并在那里待了两年。20 世纪 20 年代，格雷厄姆已成就斐然，巴菲特也因学习他的炒股策略崛起为超级富豪。然而，随着格雷厄姆投资时代的终结和芒格的到来，巴菲特的投资理念开始了更新与改造。

格雷厄姆教导巴菲特，投资“廉价股”是最好的赚钱方法，巴菲特早期收购美国运通和华盛顿邮报等公司的交易就是这种投资理念的运用，巴菲特也因此大赚一笔。但是，芒格认为，如今的市场中类似格雷厄姆标准的“廉价股”已经非常罕见，如果一家公司的盈利状况足够好，出高股价购买也是值得的。

芒格还认为，格雷厄姆选择投资项目时不重视公司管理者的素质的做法是不明智的，如果一个公司的领导层是一群具有远大理想、擅长管理的创业者，那么这样的公司未来一定是光明的。芒格鼓励巴菲特不惜以高出市场价值 2 ～ 3 倍的价格来收购这些公司。

对于芒格倡导的与格雷厄姆完全不同的投资理念，巴菲特做出了肯定的评价，他说：“查理把我推向了另一个方向，他促使我以非凡的速度从猩猩进化到人类。”在芒格的指导下，巴菲特从买“廉价股”的老路迈向买优质企业的新途。2008 年，巴菲特以 18 亿美元巨资买入比亚迪 10% 股份的交易就是巴菲特“转型”的代表事件。

收购比亚迪的交易是芒格一手促成的。起初，芒格通过一个朋友偶然认识了比亚迪总裁王传福，通过接触了解，芒格在王传福身上发现了“爱迪生和杰克·韦尔奇的影子”。芒格激动不已，随即将比亚迪介绍给了巴菲特，称：“你不投资比亚迪，将会错过一个比尔·盖茨”。

最终，芒格的热情打动了巴菲特，使他不得不打破“不碰科技型公司”的原则。事实证明，芒格是具有远见的，此后，比亚迪股价一路飙升至 80 港元以上，是巴菲特当年收购时的 10 倍。

不管是格雷厄姆的投资理念，还是芒格的投资理念，都对巴菲特造成了重大影响。巴菲特认为，一个真正懂得投资的人所懂得的投资可能不会超过 6 个。这 6 个投资足以让投资者的投资显得多元化，并且可以因此赚很多钱。如果投资者将钱放在不懂的第 7 个投资上，而不是选择将更多的钱放在懂得的 6 个投资里，那么这个决定将是个错误。

一般来说，投资者都是因为最好的 6 个投资而积累大量财富，而几乎没有人会因为他们的第 7 个投资而赚钱。对任何一个拥有常规资金量的投资者来说，只做看准的 6 个投资已经足够了。

买哪个公司的股票就是对哪个公司投资，投资者应当有这样的投资理念和思想准备。在这种投资理念的指导下，投资者一旦看准合适的投资对象，就要集中发力，不要浪费时间和精力做无效劳动，错过投资的最佳时机。

有一些非职业的投资者，将自己的大部分资金用来搞多元化投资，而且不断地买进、卖出，这种行为纯粹是拿自己的资金开玩笑。如果投资者真的打算这样做，还不如去投资指数类共同基金的效益高。

指数类共同基金，是指用电脑模型来模拟股票指数，并以该指数的成分股为投资对象，通过购买该指数的全部或者部分成分股构建投资组合，以追踪标的指数表现的基金产品。通常而言，指数基金以减小跟踪误差为目的，使投资组合的变动趋势与标的指数相一致，以取得与标的指数大致相同的收益率。比如，标普 500 指数、纳斯达克 100 指数、道•琼斯工业指数。投资指数类共同基金就是将指数基金当作某种普通股票一样来投资。

投资指数类共同基金的投资过程更加简单，而且管理成本很低。投资者能否获利取决于股指涨跌。购买指数类共同基金相当于投资了整个美国上市公司的一部分。

巴菲特称，在他钟意的各种投资项目中，他最终投入资金的项目只有一半。巴菲特与很多优秀的投资专家一样，不主张多元化投资，而美国投资大师沃尔特•施洛斯（Walter Schloss）是一个特例。施洛斯没有上过大学，但是在纽约金融学院旁听过格雷厄姆的课程。

施洛斯的特长是多元化投资，投资时从来不看股市走势，而是经常研究股市手册中的相关数据，然后从上市公司那里获取财务年报后反复阅读。施洛斯的投资项目包括方方面面，而他所掌控的基金多年以来投资收益率一直超过股市大盘。

巴菲特对施洛斯的投资本领表示了赞许，认为施洛斯的本事是常人难以学会的，就连他自己也做不到。所以巴菲特提醒投资者实行多元化投资一定要慎重，千万不要将股票分散太多。将资金集中于不超过 6 只股票上是比较合适的做法。在股市投资中，巴菲特所倡导的集中投资法与多元投资法历来是背道而驰的。两种投资方法究竟哪一个更好至今也没有定论，关键在于投资者的操作。

多元投资法，也被称为分散投资法，“把鸡蛋放在不同的篮子里”就是其代表观点。这种观点认为，如果将鸡蛋放在不同的篮子里，即使其中有一个篮子里的鸡蛋被打碎了，也不会造成重大损失。而集中投资法的代表观点是“把鸡蛋放在同一篮子里”，这样一来，你可以集中精力好好看着这个篮子，不让其中任何一个鸡蛋被打碎。如果把鸡蛋放在不同的篮子里，你的精力势必会分散，最后因为对一部分篮子照顾不周而发生意外。

事实上，两种方法之所以长期分不了胜负，关键是“空对空”，如果观察一下实际生活操作，就会对两种观点一清二楚了。在实际生活中，如果我们买了 20 枚鸡蛋，肯定不会将它们分别放在两个篮子里，左手拿一只，右手拿一只拎着走。因此，集中投资法更加符合我们的生活逻辑。两种不同的投资策略分别代表着两种截然不同的操作方式。

你可能在好莱坞电影中看见过这样的镜头：在一个交易大厅里，几百位股市经纪人聚集在一起，保持着高度紧张的精神状态。他们共同管理着一个由几百只股票组成的投资组合。他们关注着电脑屏幕上每只股票的波动，只要有一丝变化，就会对着电话大喊大叫，并且疯狂地记录着。伴随着股市的风吹草动，他们猛敲键盘或者买入，或者卖出。尽管这些人的工作非常辛苦，然而忙忙碌碌一年后的投资业绩远远没有我们想象得高。

而巴菲特却总是悠然自得的坐在办公室里，随时可以品尝他最爱的可口可乐。除了读读财务年报之外，他有一大把自由支配的时间。无聊的时候，巴菲特会躺在沙发上和他的哲学家朋友打电话聊天，偶尔也出去打打高尔夫球。多元投资和集中投资的巨大区别由此显现出来。

巴菲特认为，“不管从哪一个角度来说，多元化投资都是犯了大错”。投资者应当把主要时间和精力放在评估企业内在价值上，一旦看准投资对象就集中资金投入。中国投资界常说的投资要“少而精”就是这个道理。

三、阅读财务报表

在选择股票的时候，巴菲特非常重视阅读公司的财务报表。巴菲特每天都会抽出四五个小时的时间来阅读财务报表。普通的投资者如果想通过投资股票获得收益，最好保证每天有两三个小时用来阅读公司财务报表、公告以及宏观经济指标和政策走向等信息上。

公司的真实财务报表能够反映出基本面的内在情况，可以作为投资者选股的依据。投资者如果想做某一行业或某一只股的长期投资，就应当把该行业的历史现状、国家相关政策、财务报表等各种细节都研究透彻。如果条件允许，还可以去公司实地考察甚至打听其公司员工收入情况等。

把握市场大趋势是购买股票的前提，投资者还需要通过研究相关行业或公司的财务报表进一步分析看中的股票。关于阅读财务报表对投资股票的重要性，有这样一个幽默的比喻："报表像内衣，不穿不可能，不看报表炒股，就像人没穿内衣裸奔一样不安心。"在一定程度上，财务报表可以证明投资者手头的股票是否值得持有。

投资者最好不要投资自己不了解其财务状况的公司。一般来说，投资者的损失总是来自于那些财务状况不佳的公司。仔细研究公司的财务，确认公司财务状况良好之后，才可以做出最后的投资决定。上市公司的财务报表是投资者了解公司运营最直接透明、最客观的信息来源，它是投资者做出正确投资决策的第一步。

资产负债表、损益表、现金流量表是一家公司财务报表的核心内容。其中，净资产收益率是决定了股票投资收益率的最直观和最核心的指标。举例来说，刘元生是巴菲特价值投资在中国资本市场中的践行者，也是万科曾经的十大股东之一。

在2010年的时候，刘元生已经18年持有万科股份，其股值由400万元变成27.69亿元，投资增长500倍，增幅已经超过了巴菲特。投资者如果想长期投资获取收益，就必须选定优质股，而净资产收益率是最核心指标。

有投资者问："现在财务造假、会计操纵虚增利润的情况不少，该怎么分辨呢？"相对来说，资产负债表的负债比资产更具有可信度，因为一旦上市公司试图操纵利润，那么将近 90% 的虚假数据与资产有关，只有 10% 左右的数据是关于负债情况的。

如果要识破财务数据中利润的真假也不是没有可能。若经营现金净流量与“营业利润－投资收益＋增加的预收账款＋增加的应付账款－增加的应收账款－增加的预付账款＋增加的累计折旧－财务费用”相比，经营现金净流量越大，会计隐瞒利润操纵报表的可能性越大；反之，会计虚增利润操纵报表的可能性越大。

一般来说，“预收账款＋应付账款”的数据如果大于“应收账款＋预付账款”的数据，说明此公司处于强势的市场地位。对 ST 族的公司来说，负债较低时更易于重组。下面我们总结了巴菲特阅读财务报表时所做的八项工作，为投资者提供了一些参考，如图 6-2 所示。

1. 垂直分析：分析财务报表的结构
2. 水平分析：分析财务报表反映的年度变化
3. 趋势分析：分析财务报表中反映的长期变化
4. 比率分析：分析财务报表反映的项目关联关系
5. 因素分析：分析最重要的驱动因素
6. 综合分析：结合各项重要指标综合分析
7. 对比分析：与竞争对手进行对比分析
8. 前景分析：预测公司未来的长期业绩

图 6-2　巴菲特阅读财务报表时所做的八项工作

1. 垂直分析：分析财务报表的结构

垂直分析也称为纵向分析，实质上是分析财务报表的结构。第一步，投资者首先要通过财务报表计算确定出公司各项目占总额的比重以及百分比。第二步，通过各项目的占比确定各项目在企业经营中的重要性大小。占比越大的项目重要程度越高，对公司造成的影响就越大。第三步，将当前分析出的各项目的比重与前期同项目的项目比重进行对比，研究各项目的比重变动情况，然后进一步分析变动较大的重要项目。

进行垂直分析之后的财务报表就可以称作同度量报表、总体结构报表或者共同比报表。以利润表为例，巴菲特特别关注的是销售毛利率、销售费用率、销售税前利润率以及销售净利率，这种分析方法的实质就是对利润表进行垂直分析。

2. 水平分析：分析财务报表反映的年度变化

水平分析法也叫作横向比较法，是指将财务报表中各项目数据与上一期数据进行对比，分析企业财务数据的发展变化情况。水平分析法不只是针对一两个项目进行对比，而是把财务报表中涉及的所有项目与上一期数据进行全面综合的对比分析，把存在的问题都找出来。水平分析法是分析财务报表的基本方法，为进一步全面深入分析企业财务状况打下了坚实的基础。

在水平分析过程中，既要计算出增减变动的绝对值，又要计算出增减变动比率的相对值，才可以防止得到的结论具有片面性。巴菲特每年给股东写的信中，第一句就会提出伯克希尔 - 哈撒韦公司每股净资产比上一年度增长的百分比。

3. 趋势分析：分析财务报表中反映的长期变化

与垂直分析和水平分析不同，趋势分析，是一种长期分析。趋势分析需要计算一个或多个项目在连续多个报告期数据与基期比较的定基指数，甚至要计算基期与上一期比较的环比指数，形成一个指数时间序列。指数序列的作用非常大，可以看出财务报表中各项目的历史长期变动趋势，并作为预测未来长期发展趋势的依据之一。

趋势分析法既可用于对财务报表的整体分析，研究一定时期内公司各项目的变动趋势，也可以对某些主要财务指标的发展趋势进行分析。巴菲特最擅长长期投资，他对公司的净资产、盈利、销售收入的长期趋势分析给予了高度重视。在巴菲特每年写给股东的信中总会附有一张表，表中列出了从 1965 年以来伯克希尔 - 哈撒韦公司每年每股净资产增长率、标准普尔 500 指数年增长率以及两者的差异有哪些。

4. 比率分析：分析财务报表反映的项目关联关系

通过两个财务报表数据相除得出的相对比率分析两个项目之间的关联关系就是比率分析。比率分析是一种比较常用的财务分析方法。财务比率共包含四种类型：盈利能力比率、营运能力比率、偿债能力比率以及增长能力比率。2006 年国务院国资委颁布的国有企业综合绩效评价指标体系中，使用的财务绩效定量评价指标也是这四类。

在这四类指标中，巴菲特最关注的是：净资产收益率、总资产周转率、资产负债率、销售收入和利润增长率。财务比率分析为不同规模的企业财务数据提供了一个统一的标准，使得各个企业财务报表所传递的财务信息可以进行横向对照比较。历史标准、经验标准以及行业标准是财务比率的常用标准，巴菲特经常会与历史水平相比较。

5. 因素分析：分析最重要的驱动因素

因素替代法也叫作连环替代法，用来计算几个相互联系的驱动因素对综合财务指标的影响程度大小。比如，销量和单价都是影响销售收入的因素。企业如果提高价格往往会导致销量下降。这时，因素分析就可以计算出价格上升和销量下降对收入的影响程度到底是多少。

巴菲特在 2007 年时是这样分析的：1972 年他收购喜诗糖果时，年销量为 1 600 万磅，2007 年的销量为 3 200 万磅。35 年的时间喜诗糖果的销量只增长了 1 倍，年增长率仅为 2%。但是喜诗糖果的销售收入却从 1972 年的 0.3 亿美元增长到 2007 年的 3.83 亿美元，35 年的时间收入增长了近 13 倍。为什么销量增长 1 倍，而收入却增长了 13 倍呢？持续涨价是最主要的驱动因素。

6. 综合分析：结合各项重要指标综合分析

企业本身是一个整体，如果仅仅将一项财务指标拿出来分析，就会跟盲人摸象一样陷入片面认识的误区。企业的各项财务活动、各张财务报表、各个财务项目、各个财务分析指标是相互联系的，因此投资者应当把这些相互依存并发挥作用的多个重要财务指标放在一起，从经营系统的整体角度来进行综合分析，对企业做出系统而全面的评价。

综合分析体系有很多种，杜邦财务分析体系、沃尔评分法以及帕利普财务分析体系是目前比较受欢迎的分析体系。其中，最常用的就是杜邦财务体系：净资产收益率 = 销售净利率 × 资产周转率 × 权益乘数。销售净利率代表公司的销售盈利能力、资产周转率代表公司的营运能力、权益乘数代表公司的偿债能力。

7．对比分析：与竞争对手进行对比分析

很多机构喜欢广泛分散投资，而巴菲特却总是对少数超级明星公司进行高度集中的投资。在巴菲特的投资中，前 10 大重仓股占投资组合的 80% 以上。超级明星公司的各项重要财务指标比行业平均水平高出很多。

一般来说，在每一个长期稳定发展的行业中，伟大的超级明星公司都有一个实力相当的竞争对手。比如，飞机制造业中的波音与空客；饮料行业中的可口可乐与百事可乐；快餐行业中的麦当劳与肯德基。两个超级明星公司的实力不相上下，几乎垄断了整个行业的大部分市场，这就是典型的双寡头垄断格局。因此，在分析超级明星公司财务数据的时候，要将其与竞争对手进行对比分析。

8．前景分析：预测公司未来的长期业绩

巴菲特阅读财务报表的目的当然不是了解所有的公司，而是寻找极少数的超级明星公司。分析财务报表的最终目标是对企业未来发展前景进行财务预测。投资者应当关注的是公司未来 20 年甚至 30 年的盈利能力。

巴菲特说过："我们一直在找的是那些业务清晰易懂、业绩始终保持优异、管理层能力非凡并为股东着想的大公司。当然，这还不能充分保证我们投资盈利。我们不仅要在合理的价格上买入，而且我们买入的公司的未来业绩还要与我们的预测相符。进行前景分析，找到超级明星，给我们提供了走向真正成功的唯一机会。"

四、发现顶部

如果投资者发现自己手持的股票 K 线形态出现了倒 V 形顶部形态时，就应当毫不犹豫地减仓或全部卖出。这种经典的 K 线形态一旦出现，就表明股价即将反转向下。一般来说，倒 V 形顶部形态总是出现在股价上涨行情的尾部，首先股价会持续上扬，但随后股价将开始快速下跌，而头部则成为一个尖顶，就像英文字母 V 倒置起来一样。倒 V 形顶部的走势特别尖锐，在短短几个交易日内就可以形成，而且在转势点会产生巨大的成交量。

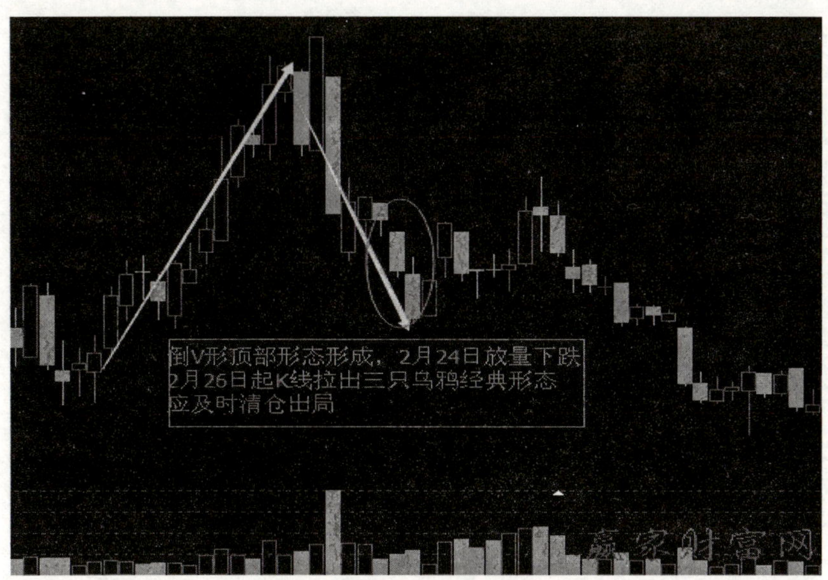

图 6-3　倒 V 型股票 K 线形态图

如图 6-3 所示，科伦药业在 2011 年 1 ～ 3 月间的日 K 线图上出现了倒 V 形顶。2 月 23 日之前，股价保持上涨的态势，直到 2 月 23 日，股价见顶。2 月 24 日，获利盘大量卖出，该股低开放量下跌，后市看跌。此时持有该股的投资者应该将手中的股票卖出。3 月 3 日，该股连续 3 个交易日下跌，走出三只乌鸦形态，这种现象证明后市会继续看跌。此时的倒 V 形顶部形态已经基本确定。

只有在股价高位，倒 V 形顶部形态才可以形成。而且，当前的高位已经达到一定高度，很难继续升高。即使此时的多头力量奋力拼搏也抵不过空头力量的猛烈冲击。俗话说："皇帝轮流做，明年到我家。"股市中的投资者是不同角色的轮流转换，那些选对角色的投资者就可以分得一杯羹。

投资者应该都听过这样一句话："会买的是徒弟，会卖的才是师傅。"因为股价在底部徘徊的时间较长，投资者买股时可以有充分的时间考虑，但在顶部的时间却非常短，不少投资者还没有发现机会及时卖出，股价便开始下跌了。"底部百日，顶部三天"的说法很好地说明了逃顶的难度。优秀的投资者都是会逃顶的高手，投资者如果想在环境险恶的股票市场上生存和获利，就必须学会一些逃顶的技巧和方法，如图 6-4 所示。

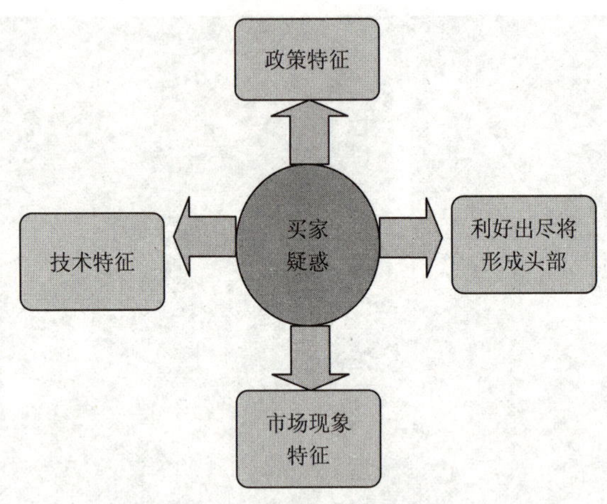

图 6-4　发现顶部的方法和技巧

1. 政策特征

作为一个新兴的市场，中国股市还不够成熟。政策调控对股市造成了直接而显著的影响。在过去几十年里，很多顶部都是因为政策调控造成的。

比如，1995 年停止国债、期货交易，造成 5•18 行情的大幅上涨。几天后随着新股上市额度的公布，股指形成头部，随后大幅下跌。1996 年 12 月中旬，深沪股市连续上涨，上证指数已涨到 1 258 点，随后几天人民日报发表社论，指出股市市盈率太高，制造了大量泡沫，结果股市开始大跌，形成阶段性头部。

1997 年 5 月 9 日，证券印花税率由千分之三上调为千分之五，紧跟着公布了 300 个亿的新股上市额度。5 月 22 日，严禁国企和上市公司炒股的规定出台。连续的政策调控使股指形成一个大头部，紧跟着是大幅下跌。

由此可见，把握住政策导向，广泛收集政策信息是投资者能够成功逃顶的关键。只有付出时间和精力，认真投入地分析政策信息，并且发现政策面的微小变化，才能得知管理层的调控意图，然后及时在顶部卖出。比如，1997 年 5 月，在证券印花税提高的消息刚发布时就大规模离场，将可以成功逃顶。随后增加的 300 个亿的上市额度，规模巨大，而每次大规模的扩容，股市都会伴随着大幅下跌。因此，投资者一定要关注政策信息，谨慎对待扩容消息。

2．利好出尽将形成头部

股市信息具有不对称性，而这种不对称性就造成庄家利用自己掌握的信息在低位大量进货，并一路推高。当消息证实的时候，庄家就会逢高派发，这就是股市常说的“见光死”。

比如，1998年7月14日，东北热电公司公布了每股收益0.538元的优良业绩，并制定了十送六和十配三的诱人方案。一般来说，这种股票属于业绩优良、方案极佳的好股。然而此股复牌后，高开低走，庄家借机拉高出货，当日收出一根大阴线，形成明显的头部。因此，如果股价连续上涨的幅度已经很大，出利好消息常常会形成头部。投资者如果能够了解庄家借利好出货的手法就可以成功逃顶。

再比如，1999年9月9日，国企、上市公司、国家控股公司三类企业进入二级市场的利好消息一出，当日上证指数即大涨了100多个点，然而第二日股指便迅速下跌。

3．市场现象特征

当一些现象发生时，市场很可能已处于顶部区域，这时，投资者应当减磅离场。这些现象包括：散户大厅人山人海，进入两难；周围人争相谈论获得了大量盈利；散户大厅充满了新面孔；证券交易所门庭若市；当买证券类报纸、杂志被一抢而光；一个股市新手向你推荐庄股，声称有很高的目标位；很多老人都来买股票；大型股评报告会人满为患；证券交易所工作人员的服务态度突然变差；开户资金大幅提高等。

4．技术特征

技术特征是最科学的发现顶部的方法，可以给出明确的头部信号或卖点信号。如果我们学好技术分析，就能够在图形上提前发现顶部。下面是9种发现顶部的技术特征。

（1）形态法：K线图在高位出现M头形态、头肩顶形态、圆孤顶形态以及倒V字形态等都是典型的顶部形态。

（2）股价上升，涨幅非常大，比如，5日移动平均线从上向下穿破

10日移动平均线，形成死亡交叉时，将显示头部已经形成。

（3）在高位日，K线出现穿头破脚、乌云盖顶、高位垂死十字都是股价即将出现顶部的信号。

（4）周的随机指标（KDJ）在80以上，形成死亡交叉一般是见中期顶部和大顶的信号。

（5）10周RSI指标如运行到80以上，预示着股指和股价进入极度超买状态，随后顶部出现。

（6）宝塔线经过数浪上涨，在高位两平头、三平头或四平头翻绿时是出现顶部信号。

（7）指数平滑移动平均线（MACD指标）在高位形成死亡交叉或M头，红色柱状不能继续放大并逐渐缩短，说明头部已经形成。

（8）股价随布林线（BOLB）上升较长时间，向上穿越BOLB1，又下穿BOLB1，随后再下穿BOLB2时，说明顶部形成。

（9）长期上升趋势线被股价向下突破，证明顶部即将形成。

投资者在逃顶时不能犹豫，应当坚决果断。一旦发现顶部信号，就要坚决卖出。如果卖错了也不会有所损失，因为买入的机会非常多，而卖出的机会却只有一次。我们都知道股价在头部运行的时间极短，大部分时间都在底部，一旦逃顶不坚决，就面临着被长期套牢的风险。

五、识别底部

金融市场不景气，股市萎靡已经有好多年了。凡是有点头脑的投资者都在暗中关注着其中可能蕴含的机会。每当他们看见连拉多根阳线的时候，大家就会对牛市的到来抱以希望。因为股市跌得太多了，所以投资者们都开始期待牛市和反弹。在过去的20多年里，即使在一蹶不振的日本股市，也有好几次反弹幅度超过100%的行情。上涨的唯一理由就是下跌。

投资者都听过巴菲特的一句名言：“在市场血流成河的时候买进，在市场狂欢中卖出。”在历史上，每一次到美股大底的时候，巴菲特总是投入大量资金来大举建仓，最后大赚一笔。作为一名价值投资者，巴菲特操作时只依据估值，从不相信能预测到股市走势，最后做到了稳、准、狠。

在识别底部区域上的经验和认知方面，巴菲特有自己的独到见解。

有些人认为，价值投资者一点都不重视抄大底的机会，事实并非如此。大学教授关于资金成本的解释常常是巴菲特嘲笑的对象，巴菲特认为投资中最重要的是机会成本。有时，巴菲特会反思自己和芒格在投资中所犯的错误，认为他们所犯下的最大的投资错误，就是错失了多次可以把握却没有把握住的赚大钱的机会。

巴菲特和芒格都很擅长把握人性弱点。他们清楚地认识到市场大部分时间都处于合理区域，但在某些时候市场会摇摆到两个极端。当市场摇摆到被大幅低估的底部时，投资者如果能识别，并且手中有足够的闲置资金，就能够抓住良好的投资机会。

通常，巴菲特会准备一大笔现金，为了保证在人性弱点爆发时可以抓住机会，比如，类似2008年金融市场动荡带来的机会。从巴菲特的长达半个多世纪的投资历史来看，每当股市底部到来时，巴菲特都能很好地把握住。按照波士顿投资公司GMO主席格兰桑的说法就是："巴菲特每次都能在六点钟准时醒来。我非常佩服他这一点，探讨一下巴菲特如何识别底部区域对于我们的投资，肯定能有所帮助。"

如果你认为当市场到达底部后，第二天就会发生反转，那么你就错了。巴菲特每次大举抄底时，从来不会认为明天股市就开始反转上行，事实上，他根本不关心股市什么时候开始反转。巴菲特更加希望股市不涨，这样他就可以趁机买到更多的便宜货。因为，伯克希尔-哈撒韦公司的下属公司每天都给他创造了大量的现金。巴菲特认为股票持续下跌是好事，根本原因就在于此。当然，如果投资者已经全仓抄底，就应当期待市场从明天开始一路上涨。

即使是巴菲特，也无法预测到股市走势，而且巴菲特始终是一个"股市走势不可知论者"。巴菲特认为，由于影响股市走势的因素无法预测，所以股市走势也无法预测。1994年，巴菲特在写给股东的信中说：30年以来，没有人能正确预测到越南战争会持续扩大、工资和价格管制、两次石油危机、美国总统辞职下台、苏联解体、道·琼斯指数在一天内大跌508点、国库券利率在4%～12%之间大幅度波动。这些重大事件都不能预知，股市走势更是如此。

为什么巴菲特每次抄大底时，都能做到稳、准、狠呢？答案就是估值。估值是巴菲特做投资的根本出发点。巴菲特的投资只有两个要点：一是准确计算出公司的内在价值；二是正确对待市场的态度。

半个多世纪以来，巴菲特可谓是苦心钻研估值。这就产生了当有人想把他的公司卖给巴菲特时，巴菲特 5 分钟内报出价格的故事。由于准确的估值，巴菲特清清楚楚地知道整个市场是高估还是低估，幅度有多大。明白这些，剩下的就是考虑出手时机了。

如果投资者缺乏估值的能力也没有关系，巴菲特提出了一个很好的估值指标。通过对过去 80 年来美国所有上市公司总市值占国民生产总值（GNP）的比率进行分析，巴菲特发现了下面这个规律："如果所有上市公司总市值占 GNP 的比率在 70% ～ 80% 之间，则就长期而言，买入股票可能会让投资者得到丰厚报酬。"

巴菲特将股市总市值与 GNP 的比率视为衡量股市估值水平的最佳单一指标。如果股市总市值与 GNP 的比率超过 100%，就意味着要以谨慎的态度看待普通股。在 1999—2000 年这段时间里，这个比率将近达到 200%，这是一个很强烈的警告信号。当时，巴菲特对美国投资者发出警告，"不要在这个时候购买股票，否则就是在玩火自焚。"

2007 年，美国发生次贷危机，住房市场与信贷泡沫破灭时，该比率为 135%。然而在 2009 年 3 月份，股市总市值与 GDP 的比率降至 73%，巴菲特立即认识到买入股票的时点来到了。当时，巴菲特呼吁投资者将现金换成股票就是依据这项指标。

识别底部不仅是为了抄底。很多投资者认为只有抄底逃顶才能赚大钱。但是，只看到巴菲特抄底的投资者还没有真正了解巴菲特对于抄底和逃顶的投资理念。对于巴菲特来说，底部和顶部并不重要，他的眼中只有估值。

比如，2000 年的时候，巴菲特多次通过媒体宣称美股互联网泡沫必将破灭。然而，巴菲特全满仓。当时，"触网"的个股虽严重泡沫，但传统公司却被低估。一般投资者即使也看好传统公司，但是害怕泡沫破裂会累及其他个股，都在等待泡沫破灭后再做打算。而巴菲特只看重估值，他满仓买入那些严重低估的传统公司。事实证明巴菲特是对的：2000 年互联网泡沫破灭后，互联网公司市值大幅下跌，但巴菲特持股的传统公司，市值却翻倍。

再有2007年的金融危机。在2008年伯克希尔-哈撒韦股东大会上，巴菲特和芒格谈到接班人时强调了一点：如果一个人准确预测到了股市泡沫即将破灭从而清空了股票，这种接班人，我们是绝不会考虑的。当时参加股东大会的投资者都充满了疑问：明知道泡沫要破灭，为什么不能先清空股票，然后等着捡便宜货呢？

对于2007年的金融危机，巴菲特和芒格都预测到了，但危机前巴菲特并没有减持可口可乐、美国运通、IBM和富国银行的股票。当时，这些股票都是他的重仓股，每只都是百亿美元左右。实际上，巴菲特很少在泡沫破灭之前大规模减持股票。只有1969年是一次例外。当时，巴菲特清空了股票，解散合伙公司，把资金归还合伙人。

通过巴菲特的投资操作，我们可以发现识别底部的重要性。股市中最常见的五种经典底部形态分别是：圆弧底、V形底、双底、潜伏底、头肩底，如图6-5所示。它们的具体形态分析如下：

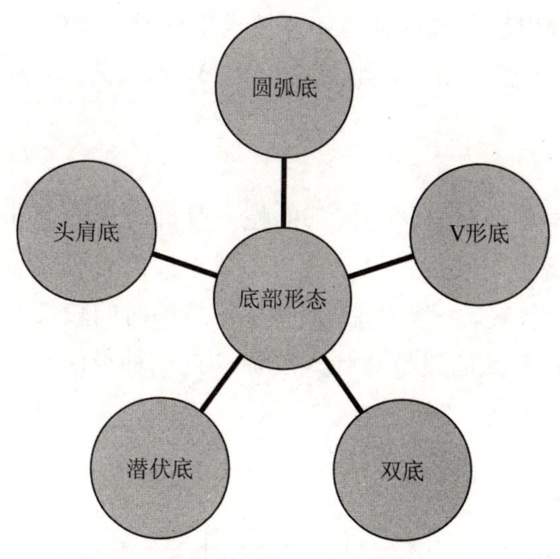

图6-5 五种底部经典形态

1. 圆弧底

当股价位于低价区，K线的均价连线呈圆弧形的底部形态时，圆弧底就形成了。之所以会形成圆弧底，是由于部分做多资金正在少量的逐级温和建仓，显示股价已经探明阶段性底部的支撑。从理论上来讲，其上涨幅度通常是最低价到颈线位的涨幅的一倍。

2．V 形底

V 形底也叫作“尖底”，形态走势就像英文字母“V”形。V 形底是形成时间非常短，研究判断最困难，参与风险最大的一种形态。V 形底的爆发力最强，如果能够把握好，就会在短期内赢取暴利。之所以会形成 V 形底，是因为市场受到利空打击或其他意外情况影响，形成恐慌性抛售，从而引起股价超跌，产生报复性反转行情。

3．双底

双底的股价走势像英文字母“W”，又叫作 W 形底，是一种风险较低的反转形态。研究判断这种底部形态的重点是当股价在走右边的底部时，技术指标是否会出现背离特征。如果技术指标没有产生背离，那么 W 形底就可能向其他形态转化，比如，多重底。W 形底的上攻动能较弱。

4．潜伏底

潜伏底就像冬眠时潜伏在底部的蛇，股价会在一个非常小的范围内横向移动或者缓慢阴跌，每日股价波动很小，而且成交量也十分稀疏，这种形态就是潜伏底。一般来说，潜伏底维持的时间较长，但是一旦突破，激增的成交量和暴涨的股价会让人震惊。有一种说法是：“潜伏底是横有多长，竖就有多高。”

5．头肩底

头肩底的形状呈现三个明显的低谷，其中，中间的一个低谷比两侧的低谷低位更低。研究判断头肩底的重点是成交量和颈线。如果成交量处于温和放大状态，那么右肩的成交量要明显大于左肩的成交量。在有量配合的基础上，一旦股价成功突破颈线，就意味着最佳买点到来。

第七课

听乔治・索罗斯讲市场趋势及人类缺陷

2015年1月24日，各大媒体争相报道乔治·索罗斯（George Soros）退休的消息。84岁的国际金融大师索罗斯在达沃斯的私人晚宴上对在场嘉宾宣布，他将正式退休。此后，索罗斯基金管理公司现任首席投资官斯科特·贝森特（Scott Bessent）将接手管理他的家庭基金。

事实上，大众以为索罗斯早在五年前就已经退休了，而索罗斯却再次强调他将退休的消息，可能意味着他将彻底离开金融界。早在2011年，索罗斯就已经不再为客户理财，关于退休也说过很多次，但索罗斯称这次是最后一次了。他是这样说的："从此以后，我将把全部身心都倾注于我的慈善事业，因为慈善与投资根本就互相不兼容。"

乔治·索罗斯是人们公认的"金融天才"。1930年，索罗斯生于匈牙利布达佩斯。1947年，索罗斯移居到英国，并于伦敦经济学院毕业。1956年，索罗斯来到美国，并建立了国际投资资金，因此积累了大量财富。1979年，索罗斯在纽约建立了他的第一个基金会——开放社会基金。1984—1987年，他又先后建立了东欧基金会与苏联索罗斯基金会。

索罗斯将自己的资金投放于他的基金会网络，并在全球31个国家中运作，遍及中欧、东欧、前苏联、中部欧亚大陆以及南非、海地、危地马拉和美国等地区。索罗斯的基金会致力于建设和维持开放社会的基础结构和公共设施。除此之外，索罗斯还建立了中部欧洲大学和国际科学基金会等重要机构。

索罗斯曾获得多个全球名校的名誉博士学位，其中包括社会研究新学院、牛津大学、布达佩斯经济大学和耶鲁大学等。1995年，索罗斯获得意大利波伦亚大学的最高荣誉——Laurea Honoris Causa，证明索罗斯为促进世界各地的社会开放做出了重大努力。

索罗斯的量子基金是其基金会网络中最老和最大的基金。量子基金在28年的发展历史中，在全世界的任何投资基金中的业绩都是最好的。从建立"量子基金"至今，索罗斯创下了令人难以置信的业绩，以平均每年35%的综合成长率令华尔街同行望尘莫及。索罗斯好像拥有一种超常的力量左右着世界金融市场。

索罗斯的言论把持着市场价格的上升或下跌。索罗斯说一句话就可以让某种商品或货币的交易行情突变。某电视台的记者曾经对索罗斯的掌控能力做出非常形象的描述：索罗斯投资了黄金，正因为他投资黄金，所以大众都认为应该投资黄金，于是黄金价格暴涨；索罗斯发表文章对德国马克的价值提出质疑，于是马克汇价立即下跌；索罗斯看中了伦敦的房地产市场，于是伦敦的房产价格颓势在一夜之间得以扭转。

很多投资者都想要知道索罗斯成功的秘诀，但索罗斯对其投资方面的事情却守口如瓶，这更加体现了索罗斯的神秘色彩。1992 年的那个黑色星期三，索罗斯带领他的投资资本在一场疯狂的赌博中押注成功，使得英镑贬值并被迫退出欧洲汇率机制。这一举动使索罗斯获得近 10 亿美元的收益，还被英国媒体给出“让英格兰银行破产的人”的恶名。

直到 1997 年，索罗斯“金融大鳄”的名声才开始享誉国际。当年，索罗斯的量子基金向泰铢发动攻击，并因此掀起了一场席卷整个东亚的严重金融危机。

在没有成为金融大师之前，索罗斯曾经梦想成为一名哲学家，解决人类最基本的命题——存在。之后，索罗斯发现了一个戏剧性结论，人类根本无法了解人生的神秘领域，因为了解人生的神秘领域首先要求人们能够客观地看待自身，而问题在于人们不可能做到这一点。于是，索罗斯得出结论：“人们对于被考虑的对象，总是无法摆脱自己的观点的羁绊，这样，人们的思维过程不可能获得独立的观点用以提供判断依据或对存在给予理解。”

正如索罗斯所说的，当一个人试图探究他本人所处的环境时，根本无法穿透事理的皮毛，毫无偏颇地抵达真理。也就是说，绝对完美的可知性相当值得怀疑。于是索罗斯演绎出这样的逻辑：因为人类的认识存在缺陷，所以他能做的最实际的事就是关注人类对所有事物的那些存有缺漏和扭曲的认识。这一逻辑就是索罗斯金融战略的核心。

人们不理解市场走势本来就是正常现象，然而当市场中大多数人都受到基本面因素的影响达成共识，试图继续操作时，这种认知就处于危险的边缘了。索罗斯的哲学观可以很好地解释市场中为什么会出现失败的第五浪，以及第五浪延长后往往出现 V 形反转。

本章旨在探讨一个成功的投资者应当拥有怎样的世界观和方法论，并且如何在世界观和方法论的指导下以更广阔的视野，辩证的思维去看待市场，时刻保持清醒的头脑，在混乱无序的市场中获得成功。

一、什么是反身性

一个罗马人说了这样一个命题："所有罗马人都撒谎。"那么，请问这个命题是真命题还是假命题呢？如果认为这是一个真命题，那么就面临一个逻辑悖论：承认了至少有一个罗马人说真话，从而又否定了这是一个真命题。如果认为这是一个假命题，也面临一个逻辑悖论：承认了所有罗马人都说谎，从而否定了这是一个假命题。这就是著名的"说谎者悖论"。

大哲学家罗素面对这个悖论时，解释道："我们应该把命题分为涉及自身的陈述和不涉及自身的陈述，这样就可以解决说谎者悖论。"这里印出了"涉及自身"的因素。索罗斯就是由此出发提出了反身性概念。

索罗斯认为，"所有涉及命题者自身、在内容上"或真或假"的命题，都是反身性命题。"也就是说，反身性是指研究对象会受到研究者自身的影响。这样就可以理解股市天然的反身性了，因为股市参与者的认识必然影响到股价，从而使股市不能成为独立的存在。为了说明反身性，索罗斯引出了两个函数：

认知函数：y=f（x）

参与函数：x=F（y）

X 表示人的行为，y 表示人的认识。认识函数即行为是认识的函数，其含义为：有什么样的知识就有什么样的行为。而人的行为对人的认识有反作用，因此产生了参与函数，即认识也是行为的函数，其含义是：有某一类行为就会有某一类知识。两个函数的作用同时发生，互相干扰。函数本来是以自变量为前提产生确定的结果，但在反身性的作用下，一个函数的自变量成为另外一个函数的因变量。这就导致确定的结果不再出现。

我们可以发现其中变量与结果的相互作用，其中参与者的观点和情景两者均为因变量，以致一个初始变化会突然同时引起参与者观点和情景的进一步变化，这就是反身性。这样一来，认知函数与参与函数产生了递归性，永远都不会产生均衡，而只有一个永无止境的变化过程。用函数表达其变化为：

y=f [F（y）]

x=F [f（x）]

从中，我们可以得出一个结论：x 和 y 都是它自身变化的函数——认识是认识变化的函数，行为是行为变化的函数。实际上，这是一种自回归系统。索罗斯通过这个函数说明金融市场与自然科学研究的过程有根本不同。在自然科学研究过程中，一组事件跟随另一组事件，不受思维和认知的干扰。而在金融市场中有思维的参与，因果关系不再是确定的一组事件导向另一组事件。相反，它以一种类似鞋带的模式将事实联结与认知，认知复联结于事实。

如此，我们都可以理解什么是反身性。用通俗的话来说就是参与者的认知和被认知对象互相影响，基本面影响观点，观点反过来也影响基本面，两者永不均衡，互动变化，没有穷尽。

美国著名的财经作家约翰·特雷恩（John Train）在《大师的投资习惯》中对反身性的解读非常精彩："反身性的本质是指认知可以改变事件，而事件反过来又改变认知。这种效应通常被称为'反馈'。这就像是如果你拴住一条脾气好的狗并踢他，骂它是坏狗，那么这条狗会真的变得很凶，并扑过来咬你，这样一来就引起更多的踢打、撕咬等。"

美国著名短篇小说家欧·亨利（O. Henry）的短篇小说《红毛酋长的赎金》也诠释了反身性。小说的情节大致是：有两个不自量力的坏家伙想要大发横财，于是绑架了一个有钱人家的孩子，并勒索 2 000 美元的赎金。但是没有意料到孩子的父亲拒绝付钱，而这个红头发的孩子（绰号"红毛酋长"）实际上很愿意跟他们在一起。

不仅如此，红毛酋长还是一个性格顽劣不堪的臭小子，总是搞一些刁钻古怪的恶作剧捉弄他们，将两个绑架者弄得狼狈不堪。在这种情况下，绑架者不得不降低赎金，希望有钱人可以把孩子赎回。但是红毛酋长继续捣乱，将他们逼得心神不定。这时，有钱人提出只要绑架者付给他 250 美元就领回孩子。尽管红毛酋长还是不肯离开，但两个绑架者还是答应了有钱人的条件，倒贴 250 美元，将红毛酋长扔下，最终逃之夭夭。

这个小说的故事情节可谓是荒诞不已，但是却引人入胜，出人意料的结局让人忍俊不禁。对于两个绑架者来说，一开始的打算是发一笔横财，因此选择冒着风险绑架有钱人的孩子。在他们看来，通常的情形都是被绑架者的家人拿出一大笔赎金赎回人质。如果其家人拒绝，那么他们就会一直折磨人质，恐吓家人，最终达到目的。这就是“反身性中的事实作用于认知”。

然而，两个绑架者根本没有预料到，他们绑架的这名人质居然是比他们还要恶劣的“坏小子”。这个坏小子本来就让他的家人感到头疼，而其家人巴不得把孩子“扔”出去，却刚好撞上了这两个倒霉的绑架者。最终的结果是两个家伙被搞得精神崩溃，宁愿倒赔250美元，把红毛酋长扔下，逃之夭夭。偷鸡不成蚀把米，这就是“反身性中的认知作用于事件”。

反身性在股市中体现为：股市的运行推动着投资者的定向思维向一个方向发展，比如，股市上涨让投资者形成了牛市思维，而投资者的牛市思维反过来推动了更大的牛市形成，而更大的牛市会使得投资者确信牛市的不可改变。但最后由于认识的偏差过大，导致牛市走向反面。在投资者的一片欢乐声中，熊市即将降临。

举例说，当很多人都相信国际电话电报公司或海湾西方石油公司的股价即将上涨时，那么他们的买盘就会推动股价上涨。这时，公司管理层就会制定更优惠的条款，利用股票作价去收购其他公司，进而拉动股价再次上涨，直至股价崩溃。

反过来，最近两三年以来，由于人们不看好银行股，不断逼迫其估值下降。市场不断的抛售，导致股价下行。美国许多银行因此倒闭或者面临倒闭，使得经济衰退。经济衰退加剧了人们对银行股的恐惧，于是进一步加大抛售，使得股价更进一步下跌。

此时，大部分人都不断唱空银行股，于是在舆论与股价的恶性循环下，银行股的熊市思维不断强化。最终，市场一致性地认为银行股的常态就是熊市。当银行股完全被市场抛弃时，银行股的市盈率下降了4倍。在这种情况下，银行股股价开始反转，股价上升。

在市场上，反身性原理的表演可谓是淋漓尽致，投资者一定要谨记反身性原理。在这个过程中，如果只研究股价本身，而不研究参与者的偏见，投资者很可能会成为市场的牺牲者。也就是说，即使是一种悖论，只要有足够强大的影响力，就可以在市场中获利。这就是为什么市场价格的变化会跌宕起伏。

在金融市场中，投资者的决策意识和决策行为可以改变事实结构。科学家认为意念改变物质结构是伪科学。但在金融世界里，主流偏见确实可以改变市场结构，还可以帮助投资者获利。

社会科学是一种特殊领域，研究者与研究对象是相互影响的。正因为这种反身性，在社会、政治、经济事物中，只要主流偏见足够强大，谬论也会在某些情况下变成“真理”，而不需要证据。金融市场就是一种典型的反身性市场，参与者的认识偏见可以影响金融市场中的决策评价。由于参与者的决策不是以客观条件为依据的，所以金融市场的根基是不确定的、是可错的。

基于金融市场的反身性，没有人可以做到完全正确的认识市场。一切所谓正确的认识都属于猜测，它还需要接受反驳和证伪。投资就是不断提出猜想并让市场验证和反驳的过程，而与科学命题无关。在索罗斯眼里，金融市场的本质就是风险。这种风险性表现为可错性、不确定性、认知的不完备性，如图 7-1 所示。

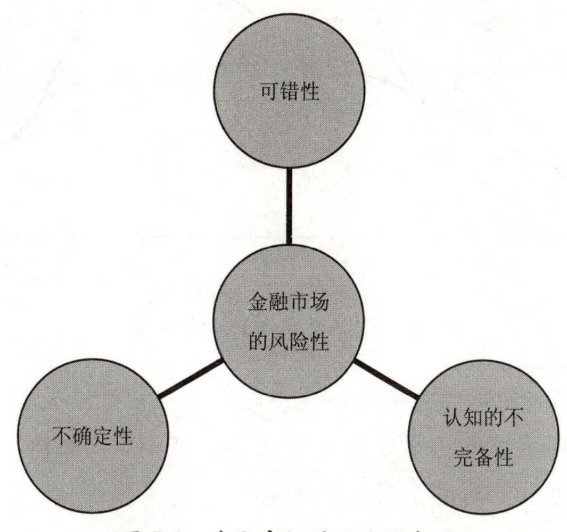

图 7-1　金融市场的风险性表现

反身性原理让人怀疑一切，包括我们自己。索罗斯谈到与罗杰斯的决裂时说：“罗杰斯有个重大缺陷，他极为藐视华尔街专业人才的精明。尽管在这一点上我和罗杰斯看法相同，但是罗杰斯却极为自信，从来不承认自己也可能犯错，而我却时刻相信自己也会犯错误”。反身性告诉我们，市场总是错的，而我们自己也总会犯错。所以我们想要在股市中生存，就必须时刻准备逃跑，因为投资本质上是在冒险。

二、反身性理论模型

反身性理论最早是由金融大鳄索罗斯提出的。索罗斯认为，股票价格是由基本趋势与主流偏向两个因素决定的，而这两个因素反过来又会受股票价格的影响。索罗斯描述了一个股票市场中的反身性模型：用两条大致同向的曲线加以描述，一条代表股票价格，另一条代表每股收益，这两条曲线的一个典型走向可能如图 7-2 所示：

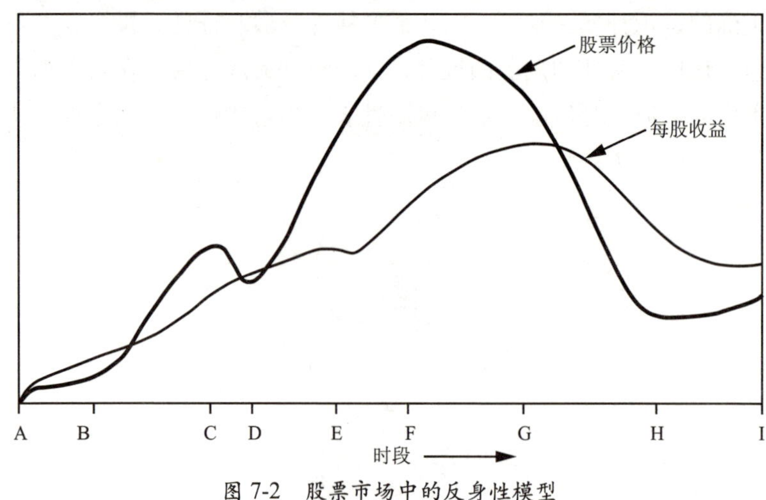

图 7-2 股票市场中的反身性模型

在起初的 A—B 阶段，市场对基本趋势的认定在一定程度上是滞后的，但该趋势已经有足够的力量影响每股收益。在 B—C 阶段，基本趋势被市场认可，此时股票价格的上升得到加强，市场依然保持谨慎的态度。在 C—D 阶段，基本趋势继续发展，时而减弱时而加强，这样的考验可能反复多次。事实上，C—D 阶段是反复多次的。在 D—E 阶段，市场信心开始膨胀，但收益的短暂挫折不至于动摇市场参与者的信心。

在E—F阶段，市场预期过度膨胀，超脱现实，市场已经无力继续维持这一趋势。在F—G阶段，市场意识到认知偏向，预期开始下降。在G—H阶段，股票价格失去了最后的支持，开始暴跌，基本趋势的反转加强了下跌的力量。最后的H—I阶段，市场过度悲观得到矫正，并因此稳定下来。

索罗斯强调，反身性理论模型只是绘制了一条可能的路径，这种路径产生于一个基本趋势和一种主流偏向之间的相互作用。在实际市场里，基本趋势经常多于一个，而偏向内部也有各种微妙的差别，这就导致事件的序列过程有可能发生迥然不同的路径。

反身性理论的基本观点是指人们的认识永远是片面的和不完全的。片面的认识导致人的行为永远不可能是正确的，因此，市场永远是错的。由于市场始终都是错的，那么当这种错误达到极点，市场自然就会崩溃。

在反身性理论的指导下，索罗斯的投资实践一直都是以对付市场错误为目的。当索罗斯对市场错误的判断正确，就能从中挖掘投资机会。在索罗斯的专著《金融炼金术》中，他记录了从1985年8月16日至1987年11月7日的一次实验性投资过程。

在这一实验中，他通过投资使资金增值了13%，取得了空前的成功。也正是在反身性理论的指导下，索罗斯才能够凭借个人基金之力将英国银行挤出欧洲汇率机制、推动了亚洲金融危机的发展，并一次性获利10亿美元。

反身性理论使得索罗斯的形象变得非常神秘。一方面，索罗斯在全球20多个国家设立的基金会会资助各种项目，被人们称为世界上最伟大的慈善家；另一方面，索罗斯投资的大量获利让人们羡慕的同时，也在亚欧各国招来了不少骂名；同时，索罗斯从不忌讳地谈论社会开放、政治局势、欧元区崩溃以及社会哲学等，又让人们如同处在云里雾里。

尽管索罗斯的反身性理论很好地解释了市场无常情绪的波动，但在描述上还存在着一定的缺陷。反身性理论只是承认了主流偏向与基本趋势的正反馈系统，比如，由人的认识偏差累加造成的市场崩溃。但是，任何系统里都是正反馈与负反馈同时存在的。负反馈是对正反馈的一种修正。

比如在股市里，假设正反馈是上涨，那么负反馈就是下跌。比如人，一个骄傲自大的人不可能一直骄傲自大，他也会偶尔谦虚一下。作为一种自反馈体系，系统会自发的修正其运行轨迹，防止其崩溃。人类社会也一样，认识的偏差并不一定导致崩溃。我们将崩溃视为革命，那么修正就是改革。系统的自我调整不仅可以是革命，还可以是改革。而且，革命的发生是偶然性的，而改革的发生则更为频繁。

根据热力学第二定律，一个孤立的系统倾向于从低熵状态转向高熵状态，或者说有序转向无序。熵代表着一种无序的程度。能量决定了无序程度，有序程度越高，能量越高。有序走向无序需要耗散能量，而无序走向有序则需要吸收能量。因此，达到无序总是更加容易，而走向有序则需要付出代价。

金融市场就属于高熵的无序状态，典型代表是证券市场的有效性。人们永远无法预知市场在今日上涨之后，明日会怎样，因为上涨和下跌都是随机的。以上海证券市场为例，从1992年5月21日开放到2003年5月15日，共计2 690个交易日。其收盘上涨的次数是1 343次，下跌的次数是1 347次，两者只相差4次，比例基本属于1:1，符合随机分布特征。这种属于高熵无序状态的随机分布特征，正是负反馈的结果。

负反馈的存在大大地减小了崩盘概率。而索罗斯总是把握崩溃的机会投资获利，难度其实是非常大的，更何况投资获利的概率本身就很小。因此，索罗斯依靠反身性理论的投资获利，实在是难能可贵。

既然金融市场具有不确定性、反身性，那么投资者到底应当如何做呢？索罗斯也没有明确的答案。索罗斯的实验不仅有成功，也有失败。由于索罗斯后来在俄罗斯投资失败，他也做了自我批评。

但是，我们可以从反身性理论推出一些结论：既然市场永远是错的，那么就坚持与市场反向操作。这就需要判断市场大趋势。利用反身性理论判断常规市场是比较困难的，但对于突发性的崩溃、延续性的趋势突然加剧等市场过度反应的大趋势则更加容易判断。市场过度反应的现象每年都可能发生。而我们在投资操作时，可以放弃常规性的、日常性的交易，而重点抓这种崩溃或加剧的大趋势，则可以加大胜算。

下面，我们来看一个印证反身性理论的实际案例。2008—2011年期间，由于铜、铅、锌等有色金属价格不断增长，有色金属资源采选类上市公司的盈利得到大幅增长。在这种情况下，有色金属采选类上市公司股价暴涨，市盈率远远超过其他行业上市公司。

当时，西部资源公司抓住了这一市场机会，利用投资者对有色资源类上市公司股价的高溢价，用远低于二级市场估值的价格先后收购了铜矿公司、锂矿公司和铅锌矿公司。随后，公司的净利润不断增长，每股收益逐年增加，使其公司股价不断创出历史新高。

2011 年下半年，由于市场下游需求减小，铜、铅、锌等有色金属价格开始下跌。与此同时，有色金属资源开采类上市公司盈利大幅下降，投资者对资源类上市公司的热情骤减，西部资源公司股价大幅下跌，市盈率大幅下降。到此为止，公司通过收购中小型资源类公司提高净利润的模式宣布结束。西部资源股价与每股收益（每股收益为最近 12 个月每股盈余，股价为每月最后一个交易日收盘价）的反身性关系如图 7-3 所示：

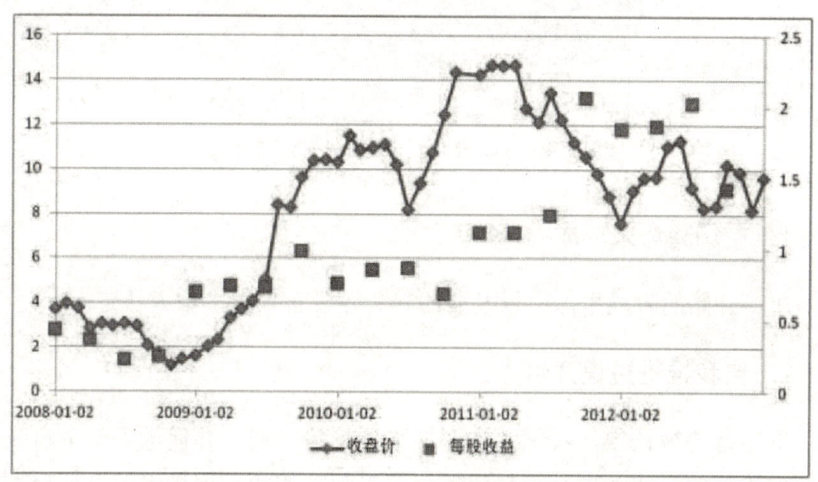

图 7-3　西部资源股价（左轴单位：元 / 股）与每股收益（右轴单位：元 / 股）

反身性理论的最重要的实用价值就在于可以发现市场从推进加强到走向衰败中的转折点，而这个转折点就是获得最大利益的投资良机。这种方法只适用于过度反应、形成趋势后的市场。之所以能够形成过度反应的市场，是因为顺势而为的跟风操作所形成的主流偏见推动了市场趋势的形成。跟风者的操作虽然具有一定的盲目性，却可以使得市场自身的趋势加强。

由于影响市场变动的不确定因素非常多，所以很多人选择随波逐流跟随市场趋势。而选择随波逐流跟随市场趋势的人越多，这种跟风效应的影响就越大。因此，这种影响成为影响市场走势的基本面因素之一。市场被投资者夸大的偏见所左右，两者相互影响，最终让投资者陷入了盲目的狂躁情绪之中。当市场趋势越强，投资者的偏见与真相偏离越远，导致市场变得越来越接近脆弱。过度反应的市场最终导致的结果就是盛衰现象的产生。

从表象来看，市场趋势具有两种极度的反应：一是盛转衰的过程；二是衰转盛的过程。两种趋势相互交错更替地进行着，形成了整个市场趋势。如图 7-4 所示，我们分析了盛转衰现象发生的主要顺序特征（衰转盛现象的主要顺序特征与之相同）：

1. 市场趋势未形成
2. 自我推进过程开始
3. 市场趋势形成
4. 市场趋势加强
5. 市场趋势到达顶峰
6. 市场趋势反转

图 7-4 盛衰现象发生的主要顺序特征

1. 市场趋势未形成

在一开始的阶段里，市场发展的趋势还没有被大多数人认定。

2. 自我推进过程开始

市场趋势被认定，人们的认识加强了趋势发展，并促进了一个自我推进过程的开始。随着现行趋势和现行偏斜观念的相互促进，偏见被日益夸大。当这一过程发展到一定阶段，极不平衡的条件便成熟了。

3. 市场趋势形成

在这一阶段，市场趋势的走向可以得到成功的测试。尽管外界冲击不断加大，但市场趋势和市场人士的偏见都一遍又一遍地成功通过测试。

4. 市场趋势加强

由于人的认识偏见和市场趋势都能够在经受各种冲击之后依然如故，形成了不可动摇的确信度。这一阶段为加速过程。

5. 市场趋势到达顶峰

在这一阶段，现实与观念发生决裂。此阶段的出现标志着信念和现实之间的裂痕是如此之大，市场参与者的偏见已经显露出来，高潮即将来临。

6. 市场趋势反转

市场趋势发生反转，一个镜面反射型的、自我推进的过程开始向相反的方向进行。此时人们对市场的看法不再起推动作用，原有趋势停滞不前，另一种声音开始影响着市场，原有市场的信心开始丧失，这时市场开始向相反方向转换。这个转换点叫作交点，为下跌加速阶段。

金融市场中盛衰现象的发生是非常频繁的。当市场对基本面因素的操作过度，市场变现行为的狂热状态便会发生，如形成的持续上涨或下跌，回调时间及空间相当有限，这种行情往往容易导致盛衰现象的发生。

三、突破扭曲的观念

索罗斯不仅是一个金融实战家，还是一个大师级的金融理论家。他总是心静如水，心气平和，从来不会纵情狂笑，也不会愁眉苦脸。索罗斯参与金融市场的方法是独特的，对于金融市场的认知也有其特殊风格，具有独特的市场洞察力。索罗斯认为自己在金融市场的成功都取决于自己的哲学观。

当他像一位哲学家审视人类的存在时，发现人们永远不能摆脱自我认知的局限，客观地考虑周围的事物。这样，人们就无法找到判断依据，用以理解存在问题。正如索罗斯所言："当一个人试图去探究他本人所在的环境时，他的所知不能成为认识。"索罗斯演绎出这样一个逻辑：人类存在扭曲的观念，所以我们需要做的最实际的事就是关注人类对所有事物的那些存有缺漏和扭曲的认识。

通过索罗斯对扭曲观念的解读，我们可以找到城市房价一度维持高水平的原因是人们购房观的扭曲。近期，上海多个房地产交易中心人满为患，房产交易者热情爆棚。对于普通产品，在市场供不应求的情况下，出现抢购现象不足为奇，可对于房产这样的大消费品和投资品，却由于买卖双方预期偏空而出现抢房、抛售的现象，却是一种罕见现象。

以国际视野角度来看，抢房、抛售现象不足为奇。在20世纪80年代后期的日本、中国台湾，1996—1997年的中国香港，2004—2005年的美国，都曾出现过房产热。但结果却是房价泡沫的破灭以及经济的持续萎靡不振。

当下，人们普遍将房子作为一种投资品看待。但是像购买股票一样购房，最终肯定会出现大问题。流动性好、交易成本低、适合中短线操作是股票独有的投资特性；而房屋的投资特性是流动性差、交易成本高、长期保值增值功能强、安全边际高，两者有明显区别。然而，近两年来国内出现了断线炒房的现象，让人深感担忧。

出现这种现象的原因就是近十年来，我国的房价持续上涨，而且涨幅很大。尽管政府对一些城市的房价做出过短期的小幅调整，比如2005年下半年和2008年下半年的上海，但是人们依然达成一种高度的共识“投资房地产是只赚不赔的。”

在这种扭曲的购房理念诱惑和驱使下，人们投资房地产的热情持续高涨。人们投资房地产的情况有两种：一种是社会中产阶层只要有钱，首先就会投资房地产。如今，拥有两套甚至更多商品住宅的家庭数目很多。这类需求大多属于中长线投资，虽然推动了市场需求增大，但在短期内不会导致房价泡沫的形成。另一种是专业投资者，最典型的就是温州炒房团。他们都是中短线操作，在房价高涨期，少数极端的投资者会通过借钱、贷款投资房地产，只为了短期转手获利。

第二种情况对市场造成很大的负面影响。由于依靠房产投资一夜致富的案例在民间广为流传，其榜样作用会推动很多炒房者冲动性入市，从而在短期内快速推高房价。另外，由于房产交易成本较高，若想在短期内转手谋利，必须以高于购入价20%以上的价格出售，才能达到目的。

很多人都知道投资房地产的风险高，却不知道炒房的后果。2005年下半年的上海，在房产热之后，房价突然大幅下跌，一些炒房者的房子因此沦为负资产。有些房源价格跌幅甚至超过三成，这就意味着房产贬值的部分超过首付。由于来得快，去得快，绝大部分炒房者没有尝到失败的滋味。而2003年是房产市场的最低迷期。在中国香港，有10.6万宗房屋成为负资产，当时亏损超过百万元的炒房者随处可见。

国内炒房者的众多从一个政策中就能管中窥豹。2005 年，政府为了抑制投资投机需求，在重磅调控文件“国八条”中规定：对个人购买住房不足 2 年转手交易的，销售时按照其取得的售房收入全额征收营业税；2006 年，著名的“国十五条”中，进一步把营业税的征收年限由 2 年增加到 5 年。当这两条政策出台后、实施前的一段时间内，各地都出现了炒房者赶末班车的交易狂潮。

近几年，人们的购房观已经发生扭曲。年轻人一毕业就借助父母的力量购房；中年人一有多余的积蓄就购买第二套、第三套房子；处于富裕阶层的人士都购买豪宅；职业炒房人更是因为从中大量谋利而骄傲自得。在强化房产投资属性的同时，人们似乎没有意识到房产与股票是不同的，因为它还具有最实在的使用功能——居住。

不仅在房地产市场，人们在股市也存在着扭曲观念。以 2009 年股市最低迷的 7 ～ 8 月为例，股市整体跌幅在 7 月达到 14.34%，创 2009 年以来最大单月跌幅。进入 8 月之后，股市表现依然疲软，开盘首日便以绿脸迎接，市场没有表现出反转迹象。当时，广大投资者都出现了焦虑，投资状态极其脆弱，从而产生扭曲观念，主要有五大表现，如图 7-5 所示。

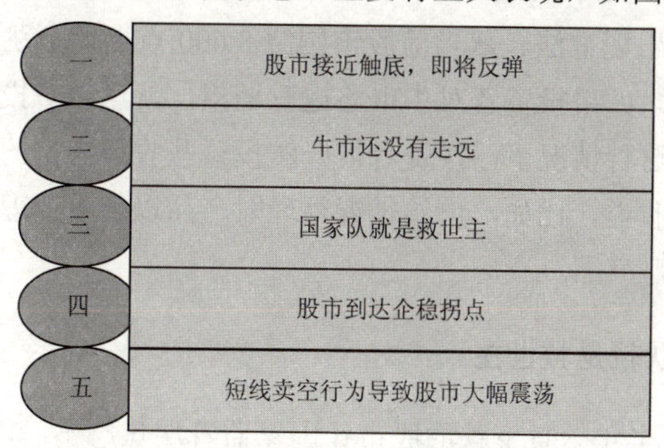

图 7-5　投资者的扭曲观念的五种表现

1. 股市接近触底，即将反弹

2009 年 7 月股市跌完，8 月开盘的第一天，沪指继续下跌，保持在 3 600 点上下波动。这时，众多投资者都认为股市已经接近触底。广大投资者认为，股市从 7 月一路走低进入 8 月后始终在 3 600 点徘徊，而且维持时间如此之长，再加上股市触底反弹的迹象经常表现为股市量能的缩减，因此股市即将反弹。

事实远非如此。威廉(William)是嘉丰瑞德顶级理财机构的资深理财师，他对这种现象解释道：“股市抄底时机并没有来临，一方面是因为月初的跌势并不能预示股市后期的走势，后期股市涨跌会受多种因素的综合影响；另一方面是股市震荡压力仍然存在，国家也一直没有放弃救市，而且股市自发向上反弹的动能非常弱，股市触底反弹很难据此判定。”

2. 牛市还没有走远

自2009年6月15日以来，A股市场经历了一轮大幅下跌，股市的表现一直不尽如人意。尽管国家一直加大力度救市，股市也仅仅出现了几次较大的涨幅，但始终没有突破4 200点，而且跌比涨多，最近一直在3 600点上下震荡。即使这样，大部分投资者仍然固执地认为，这轮牛市还未走远。一方面他们看到了国家队的护盘让股市企稳，另一方面看到国家为缓解经济下行压力，以及保持国内生产总值（GDP）7%的增速所做的努力。

但是，单单从月线上来看，股市已经出现二连阴，牛市已经过去，震荡市只是一种乐观说法。从当前股市围绕3 600点上窜下跳的节奏来看，根本就是猴市。如果投资者对牛市还抱有期望，就意味着投资者没有看清后市走势。在这种情况下，投资者最好转投一些收益稳定的理财产品，保障自己的投资收益，比如，债券、银行理财产品以及专业理财机构推出的固定收益的理财产品。

3. 国家队就是救世主

2009年下半年一直下跌的股市让国家监管层焦虑不已，尤其是7～8月的几次大跌。一方面，为了加强对股市的监管需要制定实行各种措施，另一方面又要为了维持股市稳定出资奔走。例如，中金公司斥资2 000亿元申购偏股型基金，是真真正正地往市场里面投钱。因此，很多投资者将国家队视为股跌时的救世主、接盘侠。

然而，这些投资者根本没有认清国家救市的初衷是为了维持金融市场的稳定，挤压场外配置，而不是股市一下跌就出来接盘。从宏观来讲，如果国家对股市干预过多只会干扰市场的自行修复功能，对于我国股市的健康发展没有丝毫益处，也不能推进我国股市更加成熟。

4. 股市到达企稳拐点

2009 年 7 月份，沪指一直维持在 3 600 点上下波动，而 8 月 5 日沪指再次下跌，失守 3 700 点，以 3 694.57 点收盘，依然在 3 600 点上下波动。此时，投资者普遍认为股市已经达到企稳拐点。

但是威廉指出："股市维持在 3 600 点，一方面是因为国家队在护盘，维稳股市，例如 8 月 3 日，沪指在跌破 3 600 点时，国家队再次出手护盘，不少大盘蓝筹股都出现了巨大的买单护盘；另一方面是股市前期的配资泡沫已经被这一段时间的股市调整给挤压得差不多了。所以，股市的企稳拐点并未如投资者所想那样已经来到，投资者依然不能盲目乐观。"

5. 短线卖空行为导致股市大幅震荡

短线卖空行为是指在股市行情不好的时候，一些投资者抓住市场不断下跌带来的机会，进入市场买进抄底，然后在股市上涨时卖出。实际上，在当时的股市中，卖出的市场力量更为强大，远远大于短线卖空行为的力量。例如，一些在 7 月初抢反弹的投资者被套，7 月底抢反弹的投资者也被套了。一些短线卖空行为并不能导致股市大幅震荡，就像前一段时期流传的外资做空 A 股一样，都是市场扭曲的观念。

事实证明，2009 年 7 ～ 8 月的股市花费很长时间才得以恢复信心，而 A 股延续了震荡调整趋势。投资者应当避免出现这 5 种扭曲的观念，尽量不要步入炒股自我认知的误区。

四、羊群效应

关于羊群效应，有这样一个有趣的故事：天堂举办了一个会议，邀请众多石油大亨参加。当一位石油大亨来到会议室时，发现已经没有多余的座位，无法落座。于是这位石油大亨灵机一动，喊了一声："地狱里发现石油了！"

这一大喊，在场所有人都听到了，天堂里所有的石油大亨们纷纷向地狱跑去，就这样一瞬间的工夫，天堂里就只剩下最后来的那位石油大亨。这时，这位石油大亨心想，大家居然都跑了过去，难道地狱里真的发现石油了？于是，他也急忙向地狱跑去。

这个故事就很好地说明了羊群效应。羊群是一种很散乱的组织，平时在一起也是盲目地左冲右撞。一旦有一只头羊动起来，其他的羊也会不假思索地一哄而上，完全不考虑前面是否有狼或者不远处有没有更好的草。羊群效应是指人都有一种从众心理，而从众心理很容易导致盲从，而盲从则会让人陷入骗局或遭到失败。经济学里描述经济个体的从众跟风心理时，就会用到“羊群效应”这一词语。

很多人可能对此嗤之以鼻，认为人类的智慧不能与这些平常动物相比。但是在日常生活中，羊群效应经常发生在人类的身上。在投资理财时，羊群效应就表现得非常明显。大多数投资者都无法排除外界的干扰，往往随波逐流，别人投资什么，自己也投资什么；而在结伴消费时，自己产生的消费心理与行为也会受到同伴的消费行为影响。

羊群效应在日常消费中表现得非常明显。很多人，尤其是女性，喜欢与同性朋友一起结伴购物，因为同性朋友之间的眼光比较接近，在购物的时候乐趣更多。但是消费者在选择消费同伴时，最好选择那些与自己的消费能力层次接近的朋友。如果选择那些消费能力高于自己或低于自己的伙伴一起购物，就很容易受到羊群效应的影响，情不自禁地做出与自己消费习惯不符的非理性行为。

一次出差，夏丹与另外一个部门的同事陈阳结伴而行。陈阳是一位性格开朗、大大咧咧的女孩，认识陈阳，也让夏丹觉得这次无聊的出差变得更加有趣。在出差的间隙，夏丹与陈阳安排在空闲时间到当地有名的购物区购物。就是这次购物，陈阳的大手笔给夏丹留下了深刻印象。

平常购物，夏丹一般都是选择中等价位的产品，一般的衣服都是几百元，几乎没有超过一千元的；购买化妆品，夏丹也是选择自己承受得起的二线品牌，不仅实惠，而且质量也不错。然而，与夏丹收入不相上下的陈阳就不同了，这让夏丹自惭形秽起来，觉得自己非常小儿科。陈阳购买的化妆品从来都不低于一千元，一件衬衫超过两千元，四五千元的皮包，陈阳买的时候想都不想。

在一起购物的时候，陈阳一直赞叹当地的商场比北京便宜，还动员夏丹一起买。但是在夏丹看来，尽管这些商品打折后比北京便宜，但是远远超过了自己的消费能力。由于是刚刚认识的新同事，考虑到自己与陈阳的收入不相上下，又不想因此而被陈阳笑话，于是出于爱面子的心理，夏丹放开胆子花掉自己近一个月的收入购买了一个奢侈品皮包。

从商场回来，夏丹就后悔了。与陈阳潇洒自由的单身生活不一样，夏丹去年刚步入婚姻的殿堂，每个月要与丈夫一起偿还一笔不小的按揭贷款。一想到自己冲动之下花一个月的薪水买了一个奢侈品手提包，而下个月还要去偿还信用卡，夏丹就担忧不已。事实上，夏丹觉得偶尔购买一件奢侈品并不是什么大事，最重要的是，自己的消费心态受到了严重打击。

女性之间攀比之风盛行。夏丹一想到陈阳和自己的收入差不多，购物时却那么爽快，心里就开始有一些不平衡，想要向陈阳一样把自己的消费水平提高一个层次。在消费时，同伴的示范作用常常会刺激一个人的消费。

夏丹与陈阳的收入虽然差不多，但是个人的实际情况并不相同，比如自由单身的陈阳可以过上潇洒消费的月光族生活，而已为人妇的夏丹却要应对房贷和家庭的日常所需。尽管收入相当，但是两个人可以供支配的收入却不同，这就导致了不同的消费能力。

对于一般人来说，喜欢与他人攀比、注重面子、趋同是社会交往中难以避免的问题，个人心理因素也导致了这样的问题无法解决。所以，想要避免受到羊群效应影响，产生非理性消费，最简单的方法就是与“羊群效应”绝缘。只要消费者选择与自己的消费能力相当的伙伴和朋友共同购物，而避免与高于或低于自己消费能力的人一起搭伴同行，就能消除非理性购物对自己经济带来的影响。

羊群效应还体现在投资市场上。“谈股论金”是当下非常火热的话题。地铁里、聚会中、餐桌上，各种讨论都是围绕着股票、基金展开的，还有很多投资经验丰富的投资者现身说法。“每次遇到投资高手，我都会非常郁闷。我既羡慕他们，又非常嫉妒，凭什么他们炒股就可以成功，赚钱总是比我快呢？”这是于峰的体会。

在于峰看来，2015 年的股市投资为自己带来了可观的财富增值，但是自己的操作还是不够成功。谈到投资，于峰觉得自己非常失败：

“我从2014年开始购入的一只基金，净值已经增长了2倍以上。然后我仔细计算了股票账户里的资金，并没有达到同比例的增长。与周围人相比，自己的成绩就更差了。同事马刚上半年买的一只股票，20元建仓，如今已经涨到70元以上了；老同学王晰上个月一只股票连续五天涨停，他全仓买的，没有几天账户就增加了十几万元的入账……而我自己精挑细选的几只股票总是跌宕起伏，不仅没有为我带来收益，还有一只被彻底套牢。”

一想到自己与周围投资高手的差别，于峰就委实郁闷。慢慢地，于峰开始改变自己的投资方法，不再相信自己的选股眼光。从前，于峰都是挑选那种行业龙头股票，认为这样的股票比较安全。后来于峰发现这种股票虽然稳，但是不容易迅速拉升。现在，每次周围的投资高手提及到自己最近投资了哪些股票，于峰都会默默牢记在心里，回到家就把这些股票加入到自选股里，第二天就会猛杀进场。

如今于峰的投资原则是“宁愿犯错，也不能错过”。不过，于峰不理解的是，自己犯错的概率远远大于错过的概率。于峰抱怨道：“明明是前几天涨势很好的股票，为什么我一买进就开始板块轮动，下跌调整了呢？”

股市是羊群效应的多发地。由于股市造就了众多亿万富翁，因此很多人认为股市遍地是黄金，关键就是自己的眼光好不好还有信息准不准，于是“宁可犯错，也不能错过”成为许多投资者的共同心理。他们不仅推崇身边的投资高手，还盲目迷信来源不清不楚的小道消息。

于峰就是太过于推崇身边的投资高手，将周围投资高手的行为作为自己的示范。但事实上，由于市场信息不对称，而且众多投资者都是处于市场劣势的散户，因此很难成功连续跑赢机构和大盘。所谓的投资高手很可能只是在公开场合吹嘘自己投资的成功，他们只会挑选自己一部分成功投资的案例向大家炫耀。

于峰的同事马刚和老同学王晰就是如此。尽管他们都曾经有过一些成功投资的经历，但是对于自己失败和成功不足的经历，他们不会向朋友和同事透露。如果投资者遇到这样的投资高手，最好不要因为他们的只言片语就妄自菲薄，觉得他们更会投资和赚钱，影响了自己的正常心态。

民间流行的关于投资的小道消息也值得投资者戒备。随着互联网的普及，消息的传递效率越来越快，并以惊人的力量影响着投资者的投资决策。2015 年以来，很多没有实际经验的新股民入市，他们经常出没于各种投资理财网站、基金论坛，并喜欢捕风捉影，有的人甚至愿意花上一大笔钱购买所谓的“机密信息”。

最终的结果是，很多投资者陷入了炒股只炒“代码和简称”的误区。这一类的投资者从来不关心上市公司的主营业务，也不了解公司的财务状况，只是凭借一些捕风捉影的小道消息就将自己的数十万元资金投入股市，不怕犯错，就怕耽误了赚钱的好时机。对于这种小道消息引发的羊群效应，投资者一定要远远地避开。

在金融市场中，羊群行为被认为是一种特殊的非理性行为。它是指投资者在信息环境不确定的情况下，不考虑自己的信息而受到其他投资者的影响，追随他人决策，或者依赖舆论，随波逐流的投资行为。由于金融市场中的羊群行为涉及多个投资主体的相关性行为，在很大程度上影响了市场的稳定性，也与金融危机的发生密切相关，因此引起了学术界、投资界和金融监管部门的广泛关注。

美国学者班纳吉（Banerjee）认为：“羊群行为是一种人们去做别人正在做的事的行为，即使他们自己的私有信息表明不应该采取该行为。”也就是说，个体不考虑自有信息，采取与别人相同的行动。

美国耶鲁大学著名的经济学教授罗伯特·希勒（Robert Shiller）对羊群行为的定义为：“一种社会群体中相互作用的人们趋向于相似的思考和行为方式。比如，在一个群体决策中，多数人意见相似时，个体趋向于支持该决策，即使该决策是不正确的，而忽视反对者的意见。”在我国股票市场中，投资者的羊群行为具有如图 7-6 所示的特征。

一	卖方羊群行为强于买方羊群行为
二	不同市场态势下的投资者都有表现出羊群效应
三	投资者的羊群行为受股票收益率影响
四	投资者的羊群行为受股票规模影响

图 7-6　我国股票市场中投资者的羊群行为的特征

1. 卖方羊群行为强于买方羊群行为

个体投资者在股票投资市场中的羊群行为表现显著，而且卖方羊群行为明显强于买方羊群行为。投资者羊群行为源于投资者的内在心理，不受时间因素的影响。

2. 不同市场态势下的投资者都有表现出羊群效应

投资者在股票投资市场中的羊群行为与市场态势无关。不管是在风险大的投资市场，还是在风险小的投资市场；不管投资者是风险偏好者还是风险厌恶者，都表现出显著的羊群效应。

3. 投资者的羊群行为受股票收益率影响

投资者的羊群行为与股票收益率有重要关系。在股市交易当天股价上涨时，卖方的羊群行为表现更强一些；而股市交易当天股价下跌时，买方的羊群行为更强一些。但在总体上，股价上涨时卖方的羊群行为比股价下跌时的买方羊群行为更强。

4. 投资者的羊群行为受股票规模影响

投资者的羊群行为也受股票规模的影响。随着股票流通股本规模的减小，投资者羊群行为逐步增强。国外学者的研究结论与之持有相同观点。

五、无效的市场

关于市场的无效性，曾经有这样一个小故事对其进行了很好的阐述：两个人走在马路上，突然发现前方有一张 100 美元的钞票。其中一人正打算上前捡起来，但是另一人却拦住他说：“别捡了，肯定是假的啊。如果是真的钞票，前面的人早就捡了，哪里轮得到我们？”就这样，两个人因为真假钞票的问题在大街上争论起来。这时，从后面走上来一个乞丐，顺势捡起了那张 100 美元的钞票，并到对面的餐厅饱餐一顿。

这个故事讽刺了市场的无效性，映射到股市里，就是一些投资高手在股市低迷时大量购进别人抛售的优质股票。投资者对市场有效还是无效的认识直接关系到其投资策略。如果投资者相信市场是有效的，那么投资者就会认为股票的价格总是反映了与股票相关的信息。这一类投资者的操作手法一般都是追涨杀跌，不会去了解公司的基本面，因为他们认为基本面反映在股价上，自己只要进行技术分析即可。

如果投资者相信市场是无效的，那么投资者就不必理会大盘的涨跌，也不需要技术分析。对于他们来说，当公司的价值和股票的价格一致时，最佳买入点就来临了。这一类投资者根据公司经营业绩的好坏决定买进卖出，而不看重股票价格的波动。

巴菲特曾经说过："如果股票市场总是有效的，那么现在的我应该在沿街乞讨。"所以投资者应当正确看待股票价格波动，不要过于看重股票的涨跌，这也是很多成功的投资大师的试金石。

无效市场理论是由索罗斯提出的，他认为人类的认知不是完美的，都存在缺陷或者扭曲。人们依靠有偏差的认识对市场进行预期，并通过这种偏差认识影响了价格的内在规律与价值规律之间的相互作用，而市场的走势操纵着需求和供给的发展。因此，投资者所要对付的市场并不是理性的，而是一个无效市场。

索罗斯的观点是市场是无效的，或者说市场有时候会无效。因为人的心理是无法度量的，有人愿意用 100 美元获得 10 美元的利润，而有的人愿意用 100 美元获得 1 美元的利润，每个人的需求不相同，所以每个人对当前市场的看法也有所差异，有的人会认为高，有的人会认为低，伴随着人们的恐惧与贪婪，使得市场更加无效。

而无效市场理论的拥护者认为市场非常愚蠢，经常会犯错误。只要投资者利用市场的错误就能够获得超额的利润，根本不需要耗费人力、物力追求完美的信息。这一类投资者看不起技术派和基本面派，认为他们的技术分析、基本分析根本毫无意义。

索罗斯的市场无效理论与传统的经济学理论是两种截然相反的理论。有效市场理论认为，市场的运转有其自身的逻辑性和理性，市场的发展最终是走向一个平衡点，而达到这个平衡点的前提条件，一是人们能够在任何指定的时间完美地掌握市场信息，二是市场价格能反映所有有效的信息。实际上，满足市场平衡点的两个条件根本无法达成。

一般来说，专业理财投资分析师都是在市场有效理论的前提下，通过自己掌握的信息对当前市场价格进行分析，从而使市场趋势得到强化发展。在大众的推波助澜下，市场变得更加非理性，成为无效的市场。

大多数市场过度行为，包括受资金操纵、逼仓以及指数基金利用产品期货进行保值、对冲基金的交易行为并不是在向市场的平衡点靠近，而是离平衡点越来越远。因为这时的市场正好符合无效市场特征中非理性表现突出的阶段。因此，大多数股市分析师对行情的判断依据是不可靠的。

20 世纪 80 年代，索罗斯在东欧、前苏联等地区建立了一系列慈善基金。从表面上来看，索罗斯做的是慈善事业，实际上，索罗斯建立慈善基金的主要目的是为了改变这些国家原有的封闭社会下的计划经济体制，实现自由的、市场化的自由经济体制。只有这样，索罗斯的基金才能够获得更广阔的发展空间。充分认识并利用市场的无效性，是索罗斯投资的重要前提条件。

在我国，有越来越多的人将尿素市场视作股票市场，并认同国内尿素市场是无效市场的理念。从 2008 年开始，国内尿素市场剧烈震荡，尤其是 2013 年 11 月份以来，打破了多年来淡季涨价的规律，使得尿素市场变成无效市场。问题的症结貌似在于产能过剩，但在产能过剩一直存在的情况下，市场的走势却依然有很大差别。

市场中都存在着杠杆效应，但是国内尿素市场的杠杆效应非常明显。在市场不好的时候，卖出一车产品需要打无数次电话，从而放大了市场的产能过剩；在市场好的时候，商家纷纷来抢货，又放大了市场的紧缺程度。增一分则多，减一分则少，这就是国内尿素市场的症结所在。

在 2013 年以前，数据分析显示，每年 11 月份到次年 2 月份的国内尿素淡储能力都超过 2 500 万吨。2013 年却出现了异常，在国内淡储能力为 1 000 万吨，仅为往年的 40% 时，尿素价格却开始下跌。这说明预期改变了价格，但价格最终可以改变供求关系。目前尿素跌到这种程度，生产企业大部分处于亏损状态，可以说巴菲特和索罗斯都追求的价格偏离价值的机会已经出现，但这是一种良好的投资机会吗？

巴菲特可以长期持有股票，但由于储存时间和资金问题，投资者无法长期持有尿素。悲观的预期使得市场不存在发挥杠杆效应撬动市场的投机机会，但投资者还是可以在尿素市场放手一搏。2013 年，全国尿素市场的开工率基本为 70%，按照 8 000 万吨的年产能去测算，相当于年产量 5 600 万吨，而出口量加上国内用量共计 6 000 万吨以上。在继续维持低价的情况下，尿素市场的开工率开始进一步下降，从而加大供需矛盾，在 2014 年出现供不应求的局面。

尿素市场的机会点出现在 2014 年 4 月。4 月是东北和南方农民购肥时间，中原地区高氮复合肥也会备货，产生需求的叠加，拉动了尿素价格的上涨。市场的最大机会是来源于没机会，市场的最大风险是来源于高价。

从尿素市场的案例中，我们发现索罗斯与巴菲特的观点得到了很好的印证：无论在什么情况下，无论市场如何的变化，都不对那些不确定因素做任何预测。将选股的唯一标准定在优质股上，只选择价值优异价格低廉的股票，而不去关注股市的涨跌起伏变化，不去了解专家的预测，不去打听内部消息，不去关注经济形势的变化，在购买股票时只需注意买什么和买入价格。

在现实生活中，我们从没有看到市场处于均衡状态。在价格波动很大的金融市场，当然也看不到。投资人在观察分析金融市场时，自己的期望心理发挥了重要作用。因此，市场有效论中假定供给和需求只能由外部力量决定，而与参与者的期望无关本身就是错误的。

供给和需求会受市场影响，从而导致了价格波动，而不会导致均衡。市场走向决定了供给和需求状况的演变，一位华尔街的投资大师曾经说过："尽管轮船已经环绕地球航行，可是地球平面学说仍将繁荣。证券市场中价值与价格之间的巨大差异，这使聪明的投资人永远有发财致富的机会。"

从实际情况来看，随着国内市场的不断规范，市场效率有了明显提高，但是由于几个客观原因的存在，市场的无效性仍然十分突出，如图 7-7 所示。

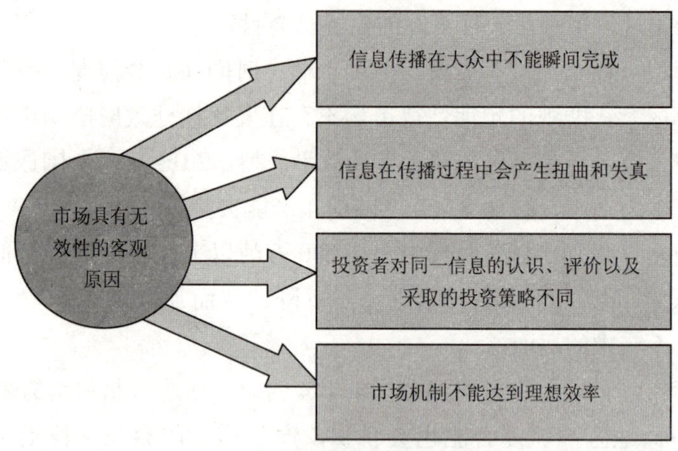

图 7-7 市场具有无效性的客观原因

1. 信息传播在大众中不能瞬间完成

信息传播在投资大众中不可能瞬间完成，比如，企业重组活动的当事人和中介机构一定会在媒体和普通投资者之前得知重组信息，而先知者就有先发优势。

2. 信息在传播过程中会产生扭曲和失真

信息在传播过程中会产生扭曲和失真，这是无法避免的。例如，各大证券网站的市场传闻栏目存在恶意散布的虚假信息等。

3. 投资者对同一信息的认识、评价以及采取的投资策略不同

投资者因为素质差异，即使是对同一信息也会产生不同程度的认识和评价，并因而采取不同的投资决策。比如，当一家上市公司预亏之时，有的投资者将其视作重大利空，斩仓出局；另外一些投资者运用逆向思维认为有庄家打压建仓，反而低位跟进。

4. 市场机制不能达到理想效率

在完全竞争条件下，市场机制无法达到理想化效率。最突出的表现就是我国股市中客观存在的庄家操纵造市行为。他们利用背离一般价值判断

的轧空、轧多操作，扭曲信息价值，人为地制造股价剧烈波动，从而博取差价。这样一来，当股票价格对信息做出延迟反应或者反应过度时，市场就会表现出一定程度的无效性，而有些投资者就能从中获利。由于上市公司资产重组活动会使得市场无效性加强，因此由亏损股和微利股组成的重组股群体会带来突出的获利机会。

第八课

听吉姆·罗杰斯讲投资时机

吉姆·罗杰斯（Jim Rogers，1942年—至今）是国际著名的投资大师和金融学教授，与巴菲特、索罗斯并称为全球三大金融巨头，被称为“华尔街神话”。罗杰斯毕业于耶鲁大学和牛津大学，是现代华尔街的风云人物，被誉为最富远见的国际投资家，也是美国证券界最成功的实践家之一。罗杰斯拥有传奇般的投资经历，曾与索罗斯共同创立量子基金，以投资于商品期货闻名，有“商品大王”之称。

在三位介绍量子基金的核心人物中，罗杰斯是最潇洒的一位。罗杰斯一边环球旅行一边进行投资。他曾被《现代投资大师》、《市场奇才》等著名年鉴收录，还是《福布斯》、《财富》杂志、时代周刊、华盛顿邮报、纽约时报、巴伦周刊、华尔街日报金融时报的长期撰稿人。

罗杰斯在投资方面的天分从小就显现出来。在5岁的时候，罗杰斯没有像其他同龄人一样享受童年无忧无虑的生活，而是在棒球赛场上捡空瓶赚钱。6岁的时候，罗杰斯向父亲借了100美元作为创业的启动资金，购买了一台花生烘烤机。通过一个小计谋罗杰斯获得了在少年棒球联合比赛中出售饮料和花生的特许权。5年后，罗杰斯还清欠款，剩下一台烘烤机，以及100美元的银行存款。

在朝鲜战争期间，物价狂涨。在父亲的支持下，他用100美元买了价格正在飞涨的牛犊。没想到战后价格回落，他在牛犊上的投资全部被吞噬。这次失败让罗杰斯对世界产生了疑问，他发誓要了解真实的世界。那时的他根本不懂得这次的惨败使他对这个世界产生了疑问，他从内心发誓一定要真实地了解这个世界。当然，那时的他根本不懂得商品的价格与价值曲线，也不知道股票与华尔街。

1964年，罗杰斯在大学期间，第一次与华尔街有了交集。当时，罗杰斯在华尔街的一家公司做暑期工，由于估算智利爆发革命会使铜价上涨，让公司老板大赚了一笔，公司老板就给了他一大笔钱。罗杰斯意识到原来了解世界也能赚钱，这让罗杰斯受到很大启发，也因此爱上了华尔街。

罗杰斯先后在耶鲁大学、牛津大学学习政治、哲学和经济学，毕业后服了两年兵役。1968年，罗杰斯带着仅有的600美元正式来到华尔街工作。当时的罗杰斯尽可能多地掌握全球资金、货物、原材料流通的信息，从中寻找赚钱的机会。不久之后，罗杰斯进入索罗斯创建的量子基金工作。在这家基金公司中，罗杰斯负责投资分析，而索罗斯则做投资决策，两个人合作异常默契，成为基金界的完美搭档。在罗杰斯与索罗斯的共同努力下，基金茁壮成长，业绩斐然。

到1980年的时候，量子基金的规模已经非常庞大，但是两个人对于量子基金的未来发展产生了分歧，罗杰斯干脆在37岁的盛年离开量子基金，不再为共同基金工作。罗杰斯称："从此之后，我会将自己在股市十几年赚到的几百万美元以自己的方式进行投资。"而罗杰斯的老师罗伊·纽伯格（Roy R.Neuberger）说，罗杰斯离开量子基金时的收入是1 400万美元。

罗杰斯认为，如果能够看懂钱的问题，就能看懂所有的政治形势。对于投资者来说，换汇是一种既迅速又准确地掌握一个国家脉搏的方式。当罗杰斯在旅途中走到货币不能自由兑换的地方，他就会去外汇黑市换钱。

罗杰斯探访黑市的经验告诉大家，如果想要了解政府如何统治一个国家，银行的汇价、也就是官价可以作为最重要的线索。如果一个国家的货币黑市价是其官价的10倍及以上时，说明这个国家已经危机四伏，很快会爆发通货膨胀，经济会趋于崩溃，政府将会垮台。在这种地方投资的人应当赶紧逃离，否则会血本无归。

1990年6月，罗杰斯来到了日本。当时，日本股市和地产市场都已经开始从高处下跌，过度的投机开始折腾日本。在顶部的时候，日本皇宫的那块地皮价格远远超过整个佛罗里达州。过于离谱的价格只能导致下跌，所有投资者对于下跌已经麻木，看不到一丝光明。在一片惨淡市场中，罗杰斯独具慧眼。

当时，日本期货交易所的会员资格的价值被市场低估，而偏偏罗杰斯发现了。在价格为600万美元的日本证券交易所的席位中，商品交易市场的会员价只抵其中非常小的部分。随着日本的商品交易越来越多，会员价会在现有的基础上猛涨。在金融市场中待了几十年的罗杰斯已经有了预测市场的直觉。

只有在良好的社会制度下，投资者才有机会投资赚钱。在战争或者集权肆虐的地方，经济得不到发展，人们的温饱都是一个问题，更没有剩余的资金用来投资。面对不稳定的政局或者管制太多的日本政府，外来投资者早就逃离，更不可能前来投资，而罗杰斯却能够抓住投资时机。

尽管罗杰斯痛恨集权体制，但他并不推崇民主制，“真正的民主可能行得通，也可能行不通。只有解放人们的精神，使之做得更好的制度才行得通，这种制度允许市场来帮助人们找到他们自己的出路。”罗杰斯通过两次环球旅行得出结论：自由市场体制是一种非常适合人性的机制。

罗杰斯与妻子花了三年的时间穿越了25万公里的行程，总计116个国家，从冰岛、土耳其、中国、韩国、日本，通过西伯利亚蒙古穿越俄罗斯，到非洲42个国家，以及澳大利亚、新西兰、南美洲，最后回到美国。

罗杰斯在每一个国家都会考察当地的物产、历史、政府政策、证券市场甚至黑市交易场所。随着环球旅行，罗杰斯发现世界是如此的丰富多彩，赚钱的机会很多，仿佛遍地黄金一般。

一、市场永远是错的

股票投资者经常遇到的股市反转标志“阳包阴”或者“阴包阳”等K线形态就说明了市场总是错的。2005年6月，市场出现了一个巨大错误，上证指数低至998点，封闭式基金的折价率甚至达到50%。2007年10月，市场再一次出现重大错误，上证指数高至6 124点。2012年6月，交通银行、华夏银行、深发展、浦发银行等银行股相继成为“破净”一族。银行股的破净，与2005年封闭式基金折价率达到50%有很多相似之处。对于投资者来说，市场机会来了。

“市场永远是错的”是罗杰斯的投资主张观点：“我可以保证市场永远是错的。投资者必须独立思考，必须抛开羊群心理。”罗杰斯建议广大投资者，不要被市场波动左右。不管市场表现如何，投资者都应认真分析自己的具体情况，根据风险承受能力、财务状况选择最适合自己的基金，不要盲目地追从不适合自身的投资品种。

罗杰斯认为，中国经济在全球经济中有着举足轻重的地位，发挥着重要的全球影响力，但是也会出现一些增长或者降低的循环往复。中国市场波动是一种正常现象，不会影响中国经济的长期向好。

当世界上哪一个国家股票崩盘的时候，就是罗杰斯入市之时。因此，罗杰斯在2005年、2008年买入大量的中国股票，这非常符合罗杰斯的投资哲学和风格。罗杰斯在2015年浙商实业集团旗下浙融投资公司举办的交流会上告诉大家，发生灾难是购买股票最好的时机。

“投资最好的时候就是当市场萧条的时候。优秀的投资者会在恐惧声环顾四周的时候，保持冷静的购买股票，并在人们乐观的时候卖掉股票。”罗杰斯从来都没有抛售过中国股票，他认为中国股票值得长期拥有。他希望在过世后将其投资的中国股票传给女儿。

关于中国2016—2020年的十三五规划，罗杰斯坦言，在中国，投资者只要跟着政府的方向走就行了。既然政府愿意在某些领域进行重点投资，说明这些领域会给投资者带来最终的成功。罗杰斯认为在养老、医疗等领域进行布局是非常明智的选择。投资人应当投资自己熟悉的领域，并且要进行独立思考。罗杰斯非常看不起华尔街的证券分析家，认为证券分析家都是一些追随大流，而且没有因为追随大流而发财的人。

中国股市在2015年可谓是经历了火与冰的洗礼。而中国政府也采取了后续的一系列救市行为。历史经验告诉我们，市场的自动调节是非常重要的，而政府托市，由人工调整产生的谷底将会非常不稳定。罗杰斯称自己会在2016—2017年两年间购买黄金：“我当前不会去购买黄金，因为我已经有很多黄金了。如果黄金下跌，我会买，我在等另一个购买黄金的机会。如果黄金持续下跌的话，应该去买一些。”

有一个古时候的故事也印证了罗杰斯的观点：市场永远是错的。王戎是魏晋时代的“竹林七贤”之一。在他七岁的时候，有一次和其他小伙伴们在郊外玩耍。他们看到路边的李子树上结满了李子，多到都要把树枝压断了。小伙伴们看到后纷纷跑过去摘李子，只有王戎站在原地不动。别人问他为什么这样，王戎说：“这李子树长在路边如此显眼的地方，但是结满了都没有人摘，说明果实是苦的。”小伙伴们尝了摘到的果实，果真是苦的。

这件事很快流传开，当地的私塾还将这个故事写进书中，以《路边苦李》的故事教育大家：李子长在大路边而无人摘，必苦也。这个故事本身好像说明市场是正确的，“捡漏”的可能性很小。然而故事还没有结束：第二年，王戎和一群小伙伴又去郊外玩耍，忽然看见路边又有一颗李子树，树上还是结满了李子，而且上面的李子个儿大皮红非常诱人。

这一次，小伙伴们没有像上次一样扑上去，而是对李子树视而不见。这时，王戎走过去摘下一个李子尝了尝非常好吃，然后坐下来美美的吃了一顿。小伙伴们都非常惊讶地问道："路上的李树，结满了果实却没有人摘，难道不是苦的吗？"王戎回答说："现在人们都知道了'路边的李子如果没有人摘，一定是苦的'的道理。人们肯定会认为路边的李子都是苦的而不能吃，所以从来不去尝。因此我一定要亲自尝一尝才知道啊！"

这个故事告诉我们：假如市场是正确的，所有人都认同市场是对的，大家都不会再去获取信息、努力思考、积极参与。这样的市场会变得无效而错误。因此，市场有效论本身就是矛盾的。

巴菲特和索罗斯一样，都与罗杰斯持有同样的观点，认为市场永远是错的。他们看到了同样的投资现实，对于投资现实的认识也是相同的。巴菲特认为"市场先生"是躁狂抑郁症患者，今天可能欣喜若狂，明天就可能消沉沮丧。索罗斯却有一套系统的市场出错理论，而这套理论帮助索罗斯在市场中获利。巴菲特没有去深究市场为什么是错的，他只是观察到并利用了这一点。两人在经历、性格、心理、动机、目标、兴趣、才能和技巧上的不同造就了行为法则的不同。

正因为如此，巴菲特与索罗斯都看不起有效市场理论以及随机游走理论。面对风云莫测的投资市场，罗杰斯为广大投资者奉献了自己的独门妙计，投资者可以参考一二。

1. 独立思考法则

自己埋头钻研是很有用处的。投资者如果在独立思考之后，按照自己的研究结果行事，既容易又有利可图，就不再需要别人告诉你该怎么做。罗杰斯通过独立思考原则寻找到了很多不被大众关注的股票。2005 年，罗杰斯来到中国的时候，所有的人都奉劝他千万不要买 B 股，所以罗杰斯当时毫不犹豫地买了，事实证明他的选择是对的。

投资者应当有自己独特的投资方式和理念，不管是在股票、货币，还是其他领域。对市场客观、深入研究是独立思考的前提。2015 年 3～4 月份，中国很多投资者都通过打听小道消息得知大牛市要来了。于是，证券公司出现了天天爆门的景象，而大多数开户炒股的人居然是大学生，这可谓是达到前所未有的新高度。然而，大多数人都没有笑着走出股市，甚至遭受了 7 ～ 8 月份的大股灾。

2．静若处子法则

静若处子是投资中的另一重要法则。除非市场有重大变动，否则袖手旁观是最好的选择。大部分的投资人总喜欢进进出出，没事找事做。有时候，他们会炫耀自己的高明，称自己赚了 3 倍。随后，他们又开始做别的事情，就是无法安静地坐下来等待大势的自然发展。罗杰斯认为，很多投资者想要试试手气，并因此冲动行事的做法是导致投资者投资失败的重要原因。面对当前市场，投资者应该静若处子，心平气和地坚持投资，理性买入，千万不能随便投资。

二、了解自己在干什么

马克·库班（Mark Cuban）是美国网络时代的传奇人物，是 NBA 达拉斯小牛队的老板。2015 年 8 月 24 日，对于美股价格的大幅下跌，库班警告广大投资者说："如果你不知道自己在干什么，或者你知道自己在干什么，但是对于股市投资在未来可能给自己带来的损失无法承受，我建议你们什么也别做。"

库班表示，他将会继续持有包括 Netflix（在线影片租赁提供商）在内的具有分红的股票，同时还加购了 Facebook 的看涨期权。关于美股下跌的原因，库班认为，"我会考虑一些高回报率，但是目前被过度调整的股票。我认为目前的暴跌并不是因为各公司糟糕的表现，而是因为去杠杆化的空头。"

库班认为，在全球股市大幅下挫的情况下，一个投资者如果没有认清自己，觉得自己比其他人聪明，这将是一个最大的错误。很多自以为聪明的投资者投入大量的资金来竞争有限的升值机会。当市场处于牛市的时候，他们看起来是非常成功的；但当市场整体变坏的时候，绝大部分人都付出了相应代价。

普通投资者都是不善于思考的，或者说不愿意动脑筋。因为现在社会通用自动化的预测方法，投资者自己也懒得辛苦研究。借助市场摆动方法给出的交易信号，投资者完全可以避开繁重的劳动。问题是，投资者的目标如果是深埋在地下的金矿，就必须付出艰巨的劳动把土挖起来再抛出去。

寻找宝藏是一项艰苦的工作，根据这种信念进行投资是可靠的，但是这需要以艰辛的劳动和严格的自律精神为代价。在众多投资者中，没有多少人愿意付出这样的代价。在大众心理不变的情况下，很多大众投资者以及各种投资顾问总是代表一个人群来思考行事，事实上，投资者首先应当认清的是自己正在干什么。

很多事实告诉我们，每当市场趋势处于重大变动时期时，众人总是错误的。深刻智慧的头脑一定是不同于大众思维的头脑，他们能够认清自己所做的事情与众人的不同。当市场上气氛高涨，每个人都急于买入的时候，某些价格远超过价值的地方总是容易被人忽视。显然，当市场处于高位的时候，有价值的投资对象很少，但众人却喜欢在这时深挖不止。

“听着，导师告诉你的一切都可以抛诸脑后。学分、文凭、奖学金这些与成为顶级富豪没有太大的关系。”典型白手起家的美国巨头们一致认为。其中包括苹果公司的史蒂夫·乔布斯（Steve Jobs）、微软的比尔·盖茨（Bill Gates）、甲骨文的拉里·埃里森（Larry Ellison）、戴尔电脑的迈克尔·戴尔（Michael Dell）以及 Facebook 的马克·扎克伯格。

他们之所以这样狂妄，是因为他们身体力行地证明了这一点：虽然没有完成大学学业，却成为美国财富榜上的巨头们。这些巨头们对于自己正在做的、想做的有着清晰的认识，看清了自己的天赋所在和求学需要之间的关系，找到属于自己的舞台，创造了他们的辉煌。

美国巨头中最有名的就属比尔·盖茨。他在辍学 30 年后，于 2007 年 6 月获得了母校哈佛大学授予的学位。在毕业典礼上，比尔·盖茨笑着说：“父亲，我一直对你说，我将回到哈佛拿到自己的学位，现在我做到了。哈佛称我为‘哈佛历史上最成功的辍学生’，这让我感到非常高兴。”

1973 年，比尔·盖茨进入哈佛校园学习，按照正常的学习生活，他本应在 1977 年就从哈佛毕业的。但在 1975 年，比尔·盖茨毅然选择中途退学，与好友保罗·艾伦（Paul Allen）一起为了梦想中的微软帝国打拼起来。直到 30 年后，他事业有成，因此被哈佛授予了荣誉法学博士学位。哈佛大学中的这类学位主要就是颁发给一些名人政要的，其主要作用是表彰他们的成就。不管怎么说，比尔·盖茨终于从哈佛毕业了。

比尔·盖茨不仅自己辍学，还“唆使”一名在斯坦福大学求学的天才放弃了自己的学业，与他一起创业。这个人就是现任微软CEO的史蒂夫·鲍尔默（Steve Ballmer）。1980年，史蒂夫·鲍尔默做了一个非常艰难的选择。他原来是比尔·盖茨在哈佛的同学，顺利的本科毕业之后，他到了斯坦福去读研究生。他的生活原本是一帆风顺的，没想到这个时候，比尔·盖茨邀请他加盟微软，前提是他必须要放弃自己的学业。

史蒂夫·鲍尔默陷入两难处境，不知道自己到底应该干什么。后来史蒂夫·鲍尔默回忆说：“当时我的父母认为我疯了。父亲说：‘软件是什么鬼东西？’母亲说：‘怎么会有人想要电脑这种鬼东西？’”经过一段时间的考虑后，史蒂夫·鲍尔默还是毅然决定接受了这个挑战。

对此，史蒂夫·鲍尔默是这样说的：“如果事情不顺利，被比尔解聘，我还可以重返斯坦福。”幸运的是，他根本不用为自己的选择懊恼，因为在20年后，比尔·盖茨把微软帝国的CEO大权交给了他。

甲骨文的拉里·埃里森的经验听起来更加不可思议。他读了三所大学，却没拿到任何一所大学的文凭，这种事情的概率也是极低的。关于学位，埃里森有着自己的见解：“大学学位是有用的，我想每个人都应该去获得一个或者更多，但我在大学没有得到学位，我从来没有上过一堂计算机课，但我却成了程序员。我完全是从书本上自学编程的。”

WR Hambrecht常务董事托马斯·索斯顿对此曾说：“压根儿没有预测未来的方法，每个人都可以随心所欲输入他们认为合理的数据来进行预测，毕竟人生处处都是风险，选择自己选择的路走下去即可。”

投资永远成不了一门非常理想的科学，大多数情况下都是非常依赖时机、运气和投资者个人的主观判断的。罗杰斯一直主张，当投资者陷入困境的时候，应当静下心来思考一下，自己正在干什么，是大众的一员，还是正在独创一条道路。

价值投资是巴菲特一直秉承的投资理念。当年巴菲特投资比亚迪的时候，提前发现了比亚迪是一只优质股，并顺利在低位进场，在高位撤离，完美收官。巴菲特分享自己的成功经验时说：“我了解自己在干什么，所以就在暴跌时进场，忽略时间因素，然后财富就来了。”

了解自己在干什么，就会忘记时间，忽略价格波动，因为巴菲特投资的着眼点跟价格波动没有关系。价值投资的关键在于对价值的确定，顺势投资的关键在于对泡沫的确定。所以说，格局决定高度。在投资市场，投资者盲目跟风，最终导致损失怨不得别人，只能怪自己不知道自己在做什么。那么，投资者应该怎样了解自己在干的事情呢？如图 8-1 所示。

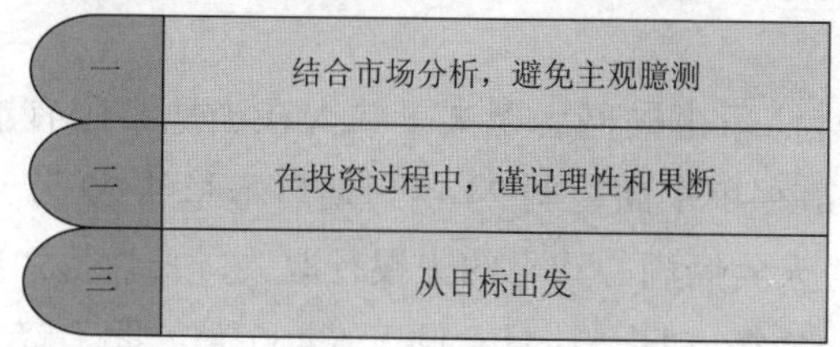

图 8-1　了解自己在干什么的方法

1. 结合市场分析，避免主观臆测

投资者判断投资趋势，思考自己在干什么时，应当结合市场分析，千万不要仅凭靠感觉。投资最忌讳随波逐流，跟着别人的步伐走，那些不是投资者自己分析出来的，而是被别人忽悠与煽动起来的投资热情。这种投资热情几乎没有价值，一旦发生损失，投资者将后悔不已。因此，投资者不要太在意别人的看法，应该学会独立思考，通过思考认清自己所做的事。

2. 在投资过程中，谨记理性和果断

在投资过程中，投资者一定反复审问自己，当前的情绪是否稳定、是否客观，有没有夹杂任何感情因素。一个自身情绪极不稳定的人，必定不能在风云变幻的投资市场生存下来。并不是有钱人才能做到心静，而是焦急的心与欲望静下来了，然后才有可能赚大钱。投资者应学会快速的做减法，将有限的资金和精力放在最有价值的投资上。

3. 从目标出发

一个人之所以伟大，是因为他有一个伟大的目标，并因此努力做好现

在的每一件事。只有明确了自己的目标，才能够意识到自己正在做的事情到底是对还是错，与目标的距离越来越远还是一步步靠近。很多投资者之所以不能取得大的成功，是因为他们不了解自己的目标是什么，不了解自己在干什么。

三、绝不赔钱

1989 年，丹江口市民盛忠奎夫妻二人在当地某国有银行办理了一份 2 000 元的存款，存单上面写明 24 年到期后本息共 22 万元。2013 年，存单终于到期了，夫妻俩满心欢喜的去银行取钱，却被告知存单已失效，22 万元成为泡沫，最终本息合计只拿回了 8 400 元。据了解，当地像盛忠奎这样的储户有 70 余人。银行方面给出的解释是，中央银行 1989 年针对保值储蓄下发了紧急通知，该业务期限最多不能超过 8 年。

作为一名普通的投资理财者，应该怎样避免这样的意外损失呢？理财专家称，想要通过投资理财来获利，理财者需要满足两个条件：一个是要有一定的投资理财本金，另一个是投资者需要花费一定的时间和精力去打理。在盛忠奎夫妻存款的案例中，储户遭受重大的财产损失，一是因为政策变化，二是因为他们缺乏打理。也就是说，有了投资理财的资本之后，还需要做到“理”。

投资的风险很大程度上来源于投资者无法预知在将来的一段时期内，利率、汇率和政策变动等会不会给自己的本金带来损失。因此，在投资者拿出资本决定投资的一刻起，就应当时刻警惕风险。理财专家指出，不赔钱是投资理财的最低目标。想要不赔钱，就得探究赔钱的原因，具备不赔钱的眼光，这是投资理财者应当具备的基本能力。

2015 年，国内市场发生剧烈的波动，投资理财风险非常大。投资理财者应该意识到市场发生重大波动的主要根源有若干个，要着眼全局、盯住重点，根据市场变化，做出及时反应。比如，全球股市、外汇、黄金市场都受到美国、欧盟主要国家的政府举动及其国内经济形势的影响，因此投资理财者需要重点关注。而国内的经济政策、形势发生重大变化是国内市场发生重大波动的主要原因，由于距离近、速度快、影响大，更应该给予高度关注。

罗杰斯被股神巴菲特誉为对市场变化掌握无人能及的趋势家。面对风云莫测的市场，罗杰斯将绝不赔钱法则视为投资的独门妙计。“我的忠告就是绝不赔钱，等到发现好的投资时机才投钱下去。假如你在两年内靠投资赚了50%的利润，然而在第三年却亏了50%，那么，你还不如把资金投入国债市场。”下面，我们一起来看一个因为赔钱经营最终倒闭的O2O公司案例。

公开数据显示，2015年汽车后市场涌现40多个O2O项目，我爱洗车公司成为继e洗车、赶集易洗车、云洗车等O2O项目之后，又一家失败的O2O公司。我爱洗车公司用以钱续命的商业模式最终倒在了自己挖的深坑中。

2014年年初，李东晋和高一凡就着互联网洗车业务的热潮，着手凯利卡尔科技服务有限公司的建立，主营“我爱洗车”业务。李东晋为凯利卡尔公司董事长，高一凡任董事。凭借500万元融资流“我爱洗车”项目开始了运营。

6月下旬，我爱洗车上线了第一款安卓版APP，将业务重点从线下转入线上。截至6月17日，公司资金去向表显示天使轮资金用于房租、员工薪酬、洗车物料等共计400万元。截至7月16日，公司的账上资金仅剩120万元，仅够支付下月员工工资。7月17日到8月15日的公司财务报表显示，该月财务支出共计180万元，其中员工薪酬占一半。

当时的我爱洗车财务总监发现，公司的账户到7月底已经基本为0。李东晋给大家的答复是，公司马上将得到1 200万元的A轮融资。转眼到了8月上旬，李东晋一边与股东谈判A轮融资，一边向公司其他股东借款180万元。之后，这笔钱被用于发放员工的工资。

在资金不足的压力下，李东晋不得不多次召开高层会议，修改A轮融资计划书。实际上，修改融资计划书最主要就是修改运营模式。为了压缩经费方案从2人一组洗车，设置14个服务站改为1人一组洗车，取消服务站。

为了顺利融资，李东晋不顾公司的实际销售情况，让财务总监修改公司的销售业绩数据。尽管如此，李东晋仍旧没有融到钱。此前一大批失败的创业公司，表面上来看都是由于资金链断裂而倒闭，但不可否认的是O2O的泡沫破裂。我爱洗车也难逃灭亡的命运。

来自北京市商业经济学会的赖阳指出，“很多初创企业进入洗车市场，根本不考虑收益与运营成本，很难长久地运营下去。”某洗车领域的业务经理算过这样一笔账，洗一台车的成本包括：洗车工人提成 6 元，固定工资 18 元，保险加中介费分摊 4 元，物料消耗及税款等 2 元，共计 30 元。

我爱洗车公司曾经长时间做“7 元洗车”以及“零元洗车”的促销活动，每洗一台车亏本在 23 元以上。实际上，从总体投入和产出来看，我爱洗车公司每洗一台车的成本远高于 30 元。相关人士介绍，我爱洗车公司自运行以来，一个月总开支最高达 200 万元，包括员工薪酬、房租、物料成本等。

我爱洗车公司共运营了 10 个月，总收入为 30 万元，收入最高的月份是 7 月，数额仅为 14 万元。7 月份时，我爱洗车公司共有 60 组洗车工，当月洗车 9 600 单，日均 320 单。按照 200 万元支出，公司日均开支约为 6.67 万元。洗车会员价是 17 元一次，公司每天平均进账 6 080 元，日亏损为 60 620 元。将亏损分摊到每一台车上，每洗一台车，我爱洗车公司就亏损 189 元。在这种情况下，我爱洗车公司每天最少接 4 000 单，才能保持不亏损。

我爱洗车的财务数据显示，公司在 8 ～ 10 月拖欠员工工资约 165 万元，拖欠办公房租 25 万元。我爱洗车公司的倒闭对我们来说是一个残酷的教训，对公司进行合理的财务预测，保证公司不赔钱经营对于公司的发展来说至关重要。

在创业过程中，赔钱经营的企业最终只能面临倒闭的下场。在变化万千的市场中，赔钱投资的投资者也不会落得好下场，那么投资者在做单中该如何去把握自己的盈利，做到绝不赔钱呢？如图 8-2 所示。

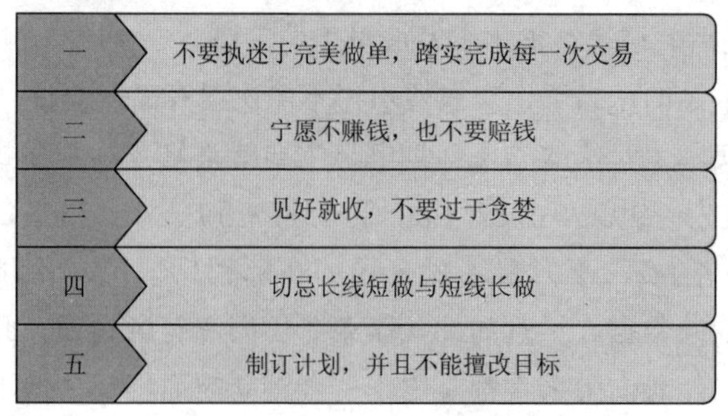

图 8-2　把握盈利、绝不赔钱的方法

1. 不要执迷于完美做单，踏实完成每一次交易

很多投资者对于自己的期待过高，希望自己可以成为交易中买底卖顶的高手，把每一单都做得漂漂亮亮的。实际上，这种方法常常是一种得不偿失的行为。普通的投资者没有先进的交易工具作为依靠，不能准确把握市场的变化。而且非专业投资者还有自己的本职工作，不能长时间紧盯市场操作。这些对股市的基础知识略知一二的投资者如果一味追求一次次漂亮的做单，那么发生亏损的概率要远远大于盈利。

当然，这些期望过高的投资者有时也能做出一次漂亮的买底卖顶，并因此满足了自我虚荣心、获得向同伴炫耀的资本，而丧失了投资以盈利为目的的本质。投资者应该踏踏实实地完成每一笔交易，不要猜顶猜底。投资者无须成为买底卖顶的高手，只要做到顺势而为，在波动中获取眼前唾手可得的利润，即便每一次只有三五十点，时间一长，所获得的收益可能高于所谓的投资高手。

2. 宁愿不赚钱，也不要赔钱

赔钱与不赚钱是两个完全不同的概念。虽然没有赚钱，但很多时候投资者的分析判断还是正确的，只是不够坚信自己的观点或者没有足够的勇气入市，从而失去了获得超额利润的机会。这样一来，投资者只会有一些后悔和些许遗憾，但今后还有无数的机会，只要能够善于总结以往的教训，仍能够保持良好的心态获取盈利。

赔钱意味着投资者做出错误的分析判断，不仅损失重大，还扰乱了今后做盘的心态。面对这样的结果，投资者首先会担心家人对自己的质问，还会对自己的愚蠢行为恼怒不已。一旦投资者在赔钱时看到周围的人赚钱了，就可能绞尽脑汁弥补亏损找回盈利。

投资本身就是一件困难的事，想要盈利 1% 可能需要费尽心思，但亏损 1% 几乎就在一瞬间。赔钱本身就会让投资者丧失信心，胆量变小。想要盈利的迫切心理会使得投资者变得冲动而盲目，在这种情况下，投资者的心态更趋向于赌博，再次发生错误的可能性会进一步提高，导致更加严重的后果。

因此，宁可不赚钱也不要赔钱对于投资者是极其重要的，尤其是在对市场没有把握的情况下。投资者需要以平常心看待市场每一次的波动，只求顺势而为，不慌张，才能获取最后的胜利。

3. 见好就收，不要过于贪婪

大多数投资者都有过被套牢的经历，原因不是对于市场走势做出了错误判断，而是由一时的贪念所致。这种操作一般都是在不太适宜的价位买进，当市场价格按照自己的预测上升后，投资者的贪念越来越大，总想着再等等可能会盈利更多，结果总是市场还没有达到理想价位就开始有所回落。

此时，投资者只能安慰自己这仅仅是蓄势上攻，没有想到的是价格不仅没有上攻，反而急转向下，回到低于买入价位的区域盘整。就这样，投资者将自己推入两难处境，抛出又担心价格再次上涨，等待又害怕价格继续下跌。

4. 切忌长线短做与短线长做

很多投资者在短线操作中拿着周线图、日线图研究，将股价的长期波动趋势当作短线的操作指导，完全忽视了中长期交易与短线交易的区别，最终亏得血本无归。更多的投资者还会将股价的短期波动当作长期走势，尽管知道市场心态已变，仍然不放弃历史数据，坚守原来的交易方向，即便是被套后也不做调整，最后的下场就是亏损越来越严重。这些投资者不仅没有意识到自己的错误，还常常抱怨市场的变化没有道理。

5. 制订计划，并且不能擅改目标

很多投资者的交易没有计划，甚至在没有行情分析的情况下任性交易。对于他们来说，每天的交易目的就是盯着行情的变化，一旦数据上涨就追，发现数据下跌就抛，完全不顾及重要价位对走势的影响。在这种情况下，股价经常是一追就跌，一抛就涨，搞得投资者连连失误，亏损严重。

还有一些投资者每天也制订做单计划，但总无法坚持到最后就擅改了做单计划。他们一看到市场价格上涨就会马上提高卖出价位，看到市场价

格下跌就会马上修改买入价位，结果总是计划得非常好，但被任意修改得面目全非。

四、耐心等待

近日，各大娱乐新闻头条都被电视剧《琅琊榜》抢占。剧中胡歌饰演的复仇者“梅长苏”已经迷倒了中国千万少女的心。《琅琊榜》讲述的是“麒麟才子”梅长苏才冠绝伦，以病弱之躯与奸佞斗智斗勇，拨开重重云雾，为昭雪多年冤案、扶持新君所进行的复仇故事。梅长苏在国仇家恨、兄弟情义的旋涡中见招拆招、游刃有余。如今，《琅琊榜》已经不是一部单纯的复仇历史剧，投资者通过《琅琊榜》学习到了很多适用于投资的道理。

为报“赤焰冤案”，梅长苏一等就是 13 年。13 年后，他选中靖王，一举入金陵，步步为营，扳倒了誉王、太子，最终帮助靖王登上太子宝座。在 13 年的光阴里，梅长苏一直保持着耐心，默默等候。在投资的过程中，投资者也要学会耐心等待，切勿不可心急。投资者应当顺势操作，逢低买进，逢高卖出，等待最佳时机再出手做单交易。

“等待催化因素的出现”是罗杰斯的投资法则之一。市场走势常常会呈现出长期的低迷不振。如果投资者不想让自己的资金陷入如泥潭一般的消极市场中，就应该耐心等待时机的到来。

会计师巴里（Barry）立志在 40 岁成为一个超级富翁，就在 35 岁的时候，他发现仅靠目前工作领到的薪水根本不能实现愿望，于是他放弃工作开始投入股市，希望能一夜致富。过了五年，他不仅没有成为富翁，他与妻子的生活反而陷入绝境。其间，他投资过股票、黄金还有债券等，可惜他每次投资都以失败告终。到 40 岁时，他的妻子说服他重回职场被拒绝，于是她向一位当地有名望的投资大师罗宾（Robin）寻求帮助。

罗宾了解了情况后，告诉她说：“如果你先生愿意，让他亲自跟我谈吧！”为了敷衍他的妻子，巴里还是来了。罗宾将他带到一个种有茂密的百年老树的庭院中，从屋檐下拿起一个扫把，对巴里说：“如果你能将落叶扫净，我就把如何赚到亿万财富的方法告诉你。”

由于罗宾在当地具有很大的威望，尽管巴里怀疑罗宾是否肯将成功经验告诉他，但他还是接过扫把开始扫地。巴里认为扫落叶的活儿简直是太简单了。过了一个小时，像篮球场一般大的庭院终于被他扫完了，当巴里拿起簸箕准备收起刚刚扫成一堆堆的落叶时，他却看到刚扫过的庭院里又掉满了树叶。

他非常生气，加快了扫地的速度，希望能赶上树叶掉落的速度。几个小时过去了，地上的落叶还是有很多，巴里生气的扔掉扫把，质问罗宾为何要他。罗宾指着地上的落叶说："你对财富的渴望就像这地上的落叶一般，层层消磨你的耐心。你心里有一亿美元的欲望，身上却只有一天的耐心。事实上，这些落叶等到冬天叶子全部掉光后就能扫得干净，可是你希望一天就扫完它们，这根本不可能。"说完，罗宾就将巴里和他的妻子送走了。

投资是一件有风险，考验耐力的事情，如果不是一个具有顽强意志与超强耐心的人，无论如何都无法通过投资获得成功。投资者在投资时会遇到很多困难，有时会遭受致命性的损失，这就要求投资者遇到困难毫不退缩，以积极的心态应对，想方设法地去解决困难，坚持下来。

戴维·帕卡德（David Packard）是惠普公司的创始人之一，惠普公司的前主席兼 CEO。帕卡德是硅谷创业的元老级人物，将惠普公司从一个默默无闻的小公司发展成为全世界第三大电脑公司。他还担任过美国国防部副部长，著名的"惠普之道"是他创立的。帕卡德攻读了斯坦福大学电机工程系学士以及研究生学位。

在斯坦福大学，帕卡德结识了"硅谷之父"——弗雷德·特曼（Frederick Emmons Terman）以及他最好的创业伙伴比尔·休利特（Bill Hewlett）。

在电子行业还是一个新兴产业的时候，作为副校长的特曼就在斯坦福大学校园中划出一部分区域设立了"斯坦福研究区"——以斯坦福大学为中心，集研究、开发、生产、销售于一体的工业园区，这就是闻名于世的"硅谷"发源地。

在大学传统象牙塔里创办企业，开创者肯定要具有常人所缺少的胆识。特曼教授首先想到了他的两个学生——帕卡德和休利特。他们一起拟定了一份创业计划，当他们的创业计划即将开始时，整个美国经济一片萧条，于是他们不得已搁置了这个计划。毕业后，帕卡德加入了通用电气公司，而休利特继续深造。

即便当前的生活可以说是衣食无忧，但是帕卡德的心里一直没有放下创业的梦想。特曼教授在毕业典礼上的发言经常回荡在他耳边："众所周知，很多受教育程度不深的人都建立起了成功的无线电公司，而你们在这方面有着扎实的理论基础，所以拥有更多成功的机会。孩子们，你们将在产业界大有作为。"

帕卡德一直在等待机会，一等就是几年。后来，美国经济开始复苏，许多公司都将大量采购电子设备用于更新换代，而市场出现很大的空缺。帕卡德等待的机会来了。非常巧的是，休利特刚刚毕业，两个好朋友相聚在一起，重新规划并决定实现他们当年的创业梦想。

在特曼教授的支持下，休利特和帕卡德租了一套公寓，并在公寓附近的汽车库里开了一个工作作坊，开始了创业的第一步。当时，两人只有538美元的流动资金，全部资产是一张工作台、一部钻床、一把螺丝刀、一把电烙铁、一把钢锯以及若干电子零件。1939年元旦，两人正式签署合伙企业协议，将公司注册为"休利特-帕卡德公司"，简称HP公司。如今，"HP"已经是成功企业的象征。

不管在哪一行业，耐心等待都是一件不容易的事情。因为等待是很煎熬的。而投资就是一个不断等待的过程，这个过程需要极大的耐心。投资者发现好企业后需要等待安全边际的出现，买入目标企业的股票后需要等待企业成长带来的回报，当机会来临卖出股票后又该等待下一次机会的来临。只有学会耐心等待，投资者才能在投资市场中获得丰厚的回报并很好地生存下去。

持有股票时的等待是被投资者经常议论的事情。对于坚定的价值投资者来说，持股等待是他们比较擅长的，但是买入前的等待则是一种考验。由于明星企业非常少，所以价值投资者发现目标企业后会担心因持续上涨错失良机，又不能违反安全边际的原则。在这个过程中，投资者应当具有稳定的心理素质，还要准确把握企业的估值。对于他们来说，这种等待的心情无比煎熬，他们宁愿持股等待。

大多数投资者都有这样的担心：目标明星企业一直维持较高估值，万一错过怎么办？事实上，这需要投资者正确看待错过，这种错过是放弃的一种。没有把握、不确定的盈利机会应当果断放弃，投资者要赚应该赚的钱。等待的时候无须焦虑，可以什么也不做，安静地等待预测变成现实，等待不确定变成确定，等待安全边际的来临。

如果是真正优秀的企业，肯定会有买入的机会。就算等待之后的价格比现在更高也非常值得，因为那时的盈利是确定的。市场肯定会给投资者买入的机会，就看投资者有没有耐心等待。2007年年初到10月的那段时间，市盈率一直维持在40倍以上，而当时投资者最正确的投资就是耐心等待。

耐心等待可以保证投资者永远不亏损。就算投资者对企业有了深入的了解，而且企业的基本面非常好，投资者都有可能出现判断失误的情况或者过度乐观而没有预料到突变因素。在安全边际下买入为投资者的失误以及不可预料的突变留有余地，从而有效地避免亏损的发生。只有以好价格买入目标明星企业，才能获得长期的超额回报。当然，优秀的企业很难出现很高的安全边际，投资应当谨记的是：在股票高估时，一定要耐心等待。

巴菲特说过："给你们一张印有20个细孔的票，你们只有20次打孔的机会。这20个孔代表你一生的所有投资，可以提高你们终身的金融财富。一旦你把这张票上所有的孔都打遍了，就表明你的投资生涯到此结束。"

第九课

听彼得·林奇讲投资方向

彼得·林奇（Peter Lynch）是一位卓越的投资大师和证券投资基金经理，现任富达公司的副主席，是富达基金托管人董事会成员之一。1944 年 1 月 19 日，林奇生于美国波士顿一个富裕的家庭里。在他 10 岁的时候，身为家庭支柱的父亲因病去世，全家的生活开始陷入困境。11 岁的林奇开始做球童赚钱，以此减轻家庭负担。从高尔夫俱乐部的球员口中，林奇接受了股票市场的早期教育，知道了各种不同的投资观点。

在波士顿学院学习期间，林奇开始着手研究股票，有目的的专门研究与股票投资有关的学科。在没有真正接触投资之前，林奇就知道股票投资是一种艺术，而不是一种科学。他认为历史和哲学在投资决策时比数学和统计学更加有用。因此，林奇在大学期间除了必修课外，没有选修更多的有关自然科学、数学和财会等课程，而是重点专修社会科学，如历史学、心理学、政治学等。除此之外，林奇还学习了玄学、认识论、逻辑、宗教和古希腊哲学等课程。

在人们看来，林奇象征着财富，林奇说过的话就是所有股民的宝典。林奇管理的基金是有史以来盈利最多的基金。如果一位投资者在 1977 年投资 100 美元林奇的基金，在 1990 年取出，100 美元就可以变为 2 739 美元，短短 13 年增值 26.39 倍。

林奇被人们誉为“股票天使”、“历史上最伟大的投资人之一”。美国《时代杂志》称林奇是首席基金经理。林奇对共同基金的贡献，就像乔丹对篮球、邓肯对现代舞蹈。林奇与普通商人的狡猾不一样，他把整个投资变成了一种艺术，提升到一种新境界，而且紧紧地抓住全球每一个投资人和储蓄者的注意力。当然，他也在投资中获得了极大的名誉和财富。

林奇是前富达麦哲伦基金的基金经理，创造了共同基金管理人至今为止的最佳业绩，资产管理规模从 1978 年开始时的 2 000 万美元增长到 1990 年林奇退休时达 140 亿美元，年平均投资回报率高达 29%，平均超越市场基准回报 13.4%，甚至超过股神巴菲特的平均投资回报率。世人之所以推崇林奇不仅是因为他的成就，更有意义的是，林奇在退休之后将自己的成功投资心得和方法，通过著书立说和演讲毫无保留地奉献给广大普通投资者。

林奇认为，“投资其实很简单，任何一个人通过留心观察生活再做一些研究都可以战胜股票市场上的所谓专家。”可以说，林奇的意义并不在于把自己的投资方法教给投资者，而是给投资大众带来了更大的信心和信念。

事实上，林奇并非有超出常人的能力，他只是运用最基本的法则和常识获得了超出常人的投资业绩。林奇有一个坚定的信念，即与机构投资者相比，个人投资者有着先天优势。因为机构投资者不可能投资一些尚未引起市场关注的中小盘股，而这些股票往往能提供惊人的回报，从而留给个人投资者大量的选股机会。

尽管我国A股市场的上市公司数量与美国上万家的规模相差甚远，但却拥有很多充满活力的中小盘公司，而且数量还在增加中。因此，国内个人投资者拥有展现自我的舞台。许多投资者都拜读过林奇阐述自己投资理念的书，比如《战胜华尔街》、《学以致富》等。大众将林奇的书视为投资宝典，而林奇将自己的投资原则总结为以下三点：

1. 只买熟悉的股票

林奇认为，眼睛、耳朵和常识是投资者最好的选股工具。林奇的很多关于股票的绝妙主意都是在逛街或者和家人朋友闲聊时产生的。这一点普通投资者都可以做到。在看电视、阅读报纸杂志或者收听广播时，投资者可以得出第一手分析资料。每个人身边都存在着各种上市公司提供的产品和服务，如果这些产品和服务能够吸引投资者，那么提供产品和服务的上市公司也会进入投资者的视野。

对于大多数非专业的个人投资者来说，消费类或与之相关的上市公司股票是最容易熟悉的股票。在美国，消费概念股已经成为市场主导，而中国还没有。处在房地产、零售、食品饮料、医药、家电、轿车、服装等终端消费领域的中国上市公司将近占市场的50%，个人投资者可以很容易的接触大量相关资讯，甚至是这些产品和服务的消费者或体验者，可以获得最直接的判断。投资者只要留心观察身边的生活，就可以用生活常识来找到伟大的投资机会。

2. 做自己的研究

通过留心观察生活收集一手资料只是投资的良好开端，随后需要展开一番详尽的研究。投资者不要被林奇主张的简单研究所误导，因为简单不是靠一时显现的灵感而决定投资。灵感过后都有严谨的调研确认工作，这才是林奇成功的基石。

3. 进行长期投资

林奇曾经说过："如果不考虑偶然因素，股票的表现在未来 10 ～ 20 年的时间里都是可以预测的，但要想知道它在未来两、三年内上升还是下跌，就只能去掷硬币了。"大多数华尔街人士一般只关注股价短期回报，而林奇之所以可以脱颖而出，与他主张长期投资的理念不无关系。林奇从来不会考虑买入时点甚至试图预测经济走势，只要所投资的公司基本面实质不变，他就不会卖出股票。

林奇曾经研究过寻找买入时点投资策略的有效性。研究结果表明，如果一名投资者在 1965—1995 年这 30 年中每年投资 1 000 美元，但不幸地赶在每年的最高点建仓，那么这 30 年的投资回报年复合增长率为 10.6%；而另一名投资者在同样时间段内有幸赶在每年的最低点建仓 1 000 美元，那么他将在 30 年中获得 11.7% 的投资回报年复合增长率。

事实证明，两种极端情况的差别只有 1.1 个百分点的投资回报年复合增长率。这个结果让林奇更加相信关注买入时点是没有必要的。因为一个强大的公司会通过不断增长的盈利提升自己的股票价值。因此，林奇将自己的投资工作简化为去寻找伟大的公司。这些伟大的公司是指可以将自己的股价翻 10 倍的公司。只有长期持有才能够实现这样的惊人回报。

一、不熟不做

电影《姨妈的后现代生活》是一部文艺故事片，兼具人文气息与商业意识，受到很多观众的喜爱，斩获无数项大奖。影片中周润发饰演的男主角潘知常，是一个道貌岸然、彬彬有礼的中年骗子。他常常表现得一脸无辜、娘气十足，深知女人软肋，让人怎么也恨不起来。他撺掇姨妈去投资墓地，声称可以赚大钱。然而姨妈对投资墓地一窍不通，却因为相信潘知常，就将自己的全部积蓄投入其中，最终落得血本无归的下场。

姨妈的投资悲剧在于对投资对象一无所知，却被他人蛊惑，盲目地投入重金，将投资变成了赌博。这部影片告诉投资者不熟不做的重要性。林奇认为，不管是专业投资者，还是普通非专业投资者，挑选个股都是十分困难的。因此，如果投资者对公司不熟悉，甚至不知道什么是资产负债表，就不应该持有该股票。

隔行如隔山，即使是勤奋智慧的林奇也有因为不熟而判断失误的时候。林奇非常喜欢吃 Bildner 的三明治，认为他们的面包和三明治口味在波士顿是最好的。林奇因为爱屋及乌，最终犯下投资错误。当 Bildner 募股上市时，林奇购入了大量股票，结果没有想到波士顿的美食并不符合曼哈顿当地的口味。当 Bildner 的连锁经营刚跨入纽约市场时，公司财务便出现了问题，最终下跌至每股 0.125 美元。林奇的此次投资最终以失败告终。

彼得•林奇因此坦言："专业人士对行业的深入了解与消费者对所喜爱产品的体验和认识属于两种优势，这两种优势在选股时会以不同的方式发挥作用。"比如，除非投资者所在的行业与电脑相关，否则王安电脑公司的股票信息对于不懂电脑行业的投资者就没有用处。最终，王安电脑公司在网络股兴起之前就破产了。

反之，林奇发现了另一个现象：在 Storer 电视台或者类似电视广播网工作的员工，都可以熟练地计算出 Storer 的电视台和有线网络的真实资产价值相当于每股 100 美元，而当时的股价却仅有每股 30 美元。造成这一差距的原因是股价很多时候都是机械的反映市盈率。在 1985 年，Storer 被收购时的价格是每股 93.50 美元。在 1988 年，每股 93.50 美元又被证明是一个非常便宜的价格。

由此可见，投资者在投资时，从事某一行业的工作是具有优势的。因为更加熟悉该行业，因此在择股时，可以取得事半功倍的效果。这样就可以得出一个结论，投资者对某投资对象的熟悉程度不仅要从消费者的角度去衡量，还要从行业内部的角度去考察。例如，是否懂得产品的供需矛盾、销售价格的涨跌、企业的市场份额等。在行业协会中，这些信息都非常常见，但对于行业外的投资者却是非常重要的工具。

比如，万科集团的创始人王石对地产业的趋势判断一定会比业外人士的更加精准。所以，精明的投资者一般都会静下心来首先从自己所从事的行业中挖掘股票的价值。从投资的角度来讲，不熟不做应当被奉为金科玉律。

赵鼎华是一位玉石爱好者。有一次在古玩城溜达，看见一位老者拿着三只手镯炫耀，说是俄罗斯碧玉，阳绿翡翠，没有一丝杂质。“老者非常得意地说道：“我去年买来收藏的，三只手镯一共 5 000 元。如今，这种档次的手镯一只最少要两三万元。”赵鼎华与同行的两位玉友分别欣赏了一下，发现所谓的高档产品只不过是地摊上兜售的树脂产品而已。所谓的高价都是骗人的，如果有人还价 200 元，主人会非常高兴地卖给你。

这位老者对玉石根本没有足够的了解，认为自己捡大漏了。赵鼎华以及他的朋友都没有告诉老者事实真相，不想让老人白欢喜一场，于是非常小心地将手镯递还给他，什么都没有说。之后，老者又小心翼翼地从随身的挎包中拿出一只翡翠手镯，显得非常宝贵，甚至不敢递给赵鼎华他们，只在众人面前晃了晃说：“冰种起荧光，特别干净，现在都不知道多贵了呢！我在 6 年前花了 4 000 元买的！”

赵鼎华将自己的手提包放在地上做垫子，防止手镯掉落在地，老者这才把翡翠镯子递给了他。赵鼎华吓了一跳，手镯的抛光面上布满了密密麻麻的小坑，是翡翠材质被强酸或者强碱冲洗过后导致的玉石结构塌陷所致。也就是说，老者的手镯是典型的 B 货手镯。如果是天然材料的 A 货镯子，当前的市场价格已经超过 10 万元，而 B 货的东西是没有升值潜力的。

一般来说，翡翠分为 A 货、B 货和 C 货。A 货是指天然的、没有经过人工处理的翡翠。B 货是指原本种水、颜色较差的翡翠经过强酸、强碱浸泡，最终改善种水、颜色，但是原始岩石结构也被破坏，出现窟窿，甚至用有机胶或无机胶做充填处理的翡翠。C 货是指无色或浅色的翡翠经过人工染色而形成的饰品。

老者在收藏玉石的过程中，之所以会犯下这种错误，根本原因是缺乏与玉石相关的基本知识。而在下面所讲的案例中，集邮爱好者张辉也犯了相同错误，在不了解与邮票相关的知识的情况下，盲目购买了价格高于价值的邮票。一提到“80 猴票”，集邮者都会心生向往。因为“80 猴票”在近 30 多年里身价倍涨，一张面值 8 分纸片如今已经价值过万。2015 年年底，张辉经历了一件备受打击的事情。事情是这样的：

当天，有几个集邮爱好者在公园里谈论“80猴票”的行情。张辉在回家的路上听到后便停下来，告诉那几个爱好相同的朋友他有一套第一轮的生肖邮票，并且只花了2 000元。大家非常羡慕，并表示如果可以看看就好了。张辉的家就在附近，于是便回家把邮票拿来给大家欣赏。

10多分钟后，张辉果真抱着一本集邮册回来。大家纷纷围观过来，不由得倒吸一口气。原来，张辉的第一轮生肖票确实为真，但全是右下角有一道斜杠的纪念票。这种纪念票是为了那些喜爱邮票却由于价格高而买不起的集邮爱好者们准备的。这种纪念票只有邮票的图形、面值，但却不是真正的邮票。张辉得知真相后几乎要晕倒。

老者与张辉的案例告诉投资者一定要坚持不熟不做的投资原则。与林奇一样，巴菲特始终坚持不熟不做的投资原则。巴菲特曾说过：“我们的重点在于试图寻找到那些在通常情况下，未来10年、或者15年、或者20年后的企业经营情况是可以预测的企业。”巴菲特总是会自觉远离那些自己能力所无法把握的投资品种，他从来不碰那些即使看上去有很高收益但自己完全不熟悉的企业。巴菲特尚且如此，普通投资者更不能随便投资于自己完全陌生的品种。

研究过巴菲特的投资者都知道，巴菲特重仓锁定集中持有的股票基本上都集中在金融、消费品、传媒等日常生活中熟悉的领域，其中包括可口可乐、华盛顿邮报、吉利刀片、富国银行等。巴菲特通常只投资那些经营方式与过去5年或10年几乎完全相同的企业。

巴菲特在1987年投资可口可乐。当时他非常熟悉可口可乐的现状——可口可乐是最大、品牌最好的软饮料销售者，有最好的分销渠道、最低成本的生产商和装瓶商，现金流较高、回报较高、边际利润较高等。

巴菲特还估算了可口可乐的未来发展——10年后可口可乐的收益预计达到35亿美元，大约是1987年的3倍。巴菲特通过研究发现可口可乐具有投资价值，于是集中投资，重仓参与。随后，该公司股价向价值回归，使巴菲特管理的基金保持稳健快速增长。

投资理财是一件大事，关系到家庭财富的安全和未来，投资者一定要给予充分的重视。投资者无论投资什么，都一定要在做正式决定之前全面地熟悉了解自己将要介入的投资对象，不熟还不如不做。不熟不做的态度是投资者对自己的资产负责，只有当投资者对投资对象了解得透彻详尽，才能把握好其未来表现。

林奇也经常告诫投资者:“投资应当是在投资者理解力允许的范围内。”对不熟不做的投资理念多加利用，在操作过程中可以投资一些自己熟悉的公司。熟悉的公司是指基本面信息容易收集，具体经营状况容易把握的公司。在收集信息过程中，很多重要的信息都来自于上市公司的年报、半年报或者季报。熟悉的公司主要分为 3 种：自己所在地的上市公司；自己所处行业的上市公司；基本面易于了解的上市公司，如图 9-1 所示。

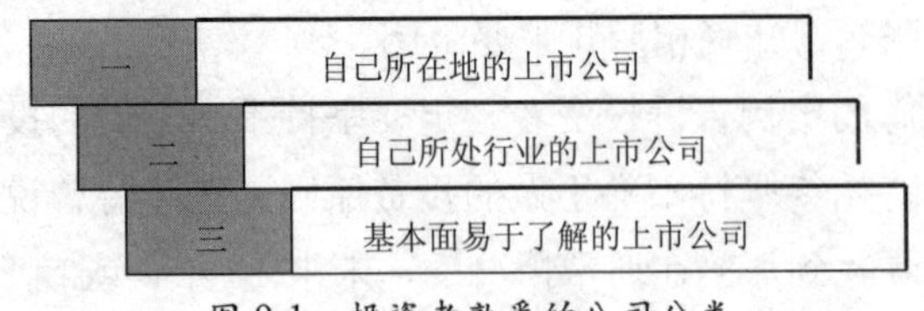

图 9-1　投资者熟悉的公司分类

二、寻找沙漠之花

我国制造业近年来发展迅速，被国际誉为“世界工厂”。在我国证监会的 A 股行业分类中，制造是最大的板块，共包括 1 500 多家公司，占据全部上市公司数量的 57%。但在其中，包括了大量的传统制造公司，比如，纺织、传统机械、设备零部件公司等。在人力等刚性成本上升，人民币不断升值，行业内竞争形势加剧，传统经济模式面临转型的过程中，传统制造业似乎陷入了困境。

从整体来看，制造业在 2015 年的中报主营业务增长 8.21%，位列行业倒数第五，净利润增长 5.77%，位列倒数第四。而 2014 年报更差，制造业主营业务仅增长 1.14%，位列倒数第一，净利润下降 26.7%，位列倒数第二。

在二级市场上，传统制造公司业绩已经越来越差，股价也相应处在低位。在近两年新兴互联网经济概念热炒的过程中，传统制造公司逐渐被人们抛弃，交易活跃度日趋下降。然而，传统行业的机会在未来不可能像现在市场表现得一样低迷。传统制造行业的市场相对成熟，几乎没有成长，盈利水平不高但模式都是人们熟知的。

投资大师林奇就非常关注这一类行业。林奇将这类行业中的机会公司命名为“沙漠之花”。沙漠之花本义是指那些生活在环境恶劣的沙漠中，默默无闻，却非常坚强，可以独自生存，最终坚持下来的花。由于传统行业的利润率低，生存能力差的企业逐渐被淘汰，幸存下来的企业的市场份额则不断扩大，达到一定规模后甚至获得一定议价能力，并推升利润率。这些低迷行业中的优秀公司就是林奇所说的“沙漠之花”。

林奇认为，“如果一个公司能够在一个陷入停滞的市场上不断争取到更大的市场份额，远远胜过另一个公司在一个迅速扩张的市场中费尽心思才能保住日渐萎缩的市场份额。”因为这些企业虽处在低迷的行业中，却能快速增长，增长速度比许多热门的快速增长行业中的公司还要快。彼得·林奇对于这些低迷行业中的优秀公司总结了几个共同特征，如图 9-2 所示。

一	以低成本著称
二	公司管理层非常节约
三	公司尽量避免借债
四	公司内部不划分成白领和蓝领的等级制度
五	公司员工待遇优厚甚至持有公司股份
六	能够找到被忽略的利基市场，形成垄断优势

图 9-2　“沙漠之花”类公司的共同特征

我国 A 股中存在大规模的传统制造类公司。某些公司甚至已经在细分行业建立了优势，比如，纽扣拉链公司伟星股份、空调与冰箱部件的龙头三花股份、纺织公司鲁泰、常发股份、汽车玻璃制造商福耀玻璃等。这些公司都有可能成为未来的“沙漠之花”，凭借着稳健的经营模式，大力降低成本以及并购，不断地在传统制造领域建立自己的优势甚至品牌。

纽扣拉链公司伟星股份就是一朵名副其实的“沙漠之花”。纽扣、拉链等零件制造公司看似门槛很低，更没有什么利基，这就注定这一类公司不会成为热门公司，所在行业也不会成为热门行业。然而，伟星股份却从最平凡的家庭作坊做起，最终发展成为亚洲最大的纽扣生产厂商，被人们称为“纽扣大王”。在国际以及国内市场上，伟星股份实际上处于垄断地位，在全球市场的占有率超过 20%。

当前，伟星股份已经形成100亿粒纽扣、2.5亿米拉链以及40亿粒人造晶钻的超高产能。伟星股份的纽扣价格在一定程度上决定着世界纽扣市场的价格。一粒毫不显眼的纽扣却成就了大事业，以至于没有公司可以成为它真正的竞争对手。

伟星股份与一般制造业不同，上市之初总市值为10多亿元，逐渐发展到如今的60亿元。2003年，该公司的营业额仅为2.6亿元，而2010年便超过13亿元；净资产从2亿元起步，在2010年已超过11亿元。伟星股份的股票价格相对较低，几乎没有被高估过。即使在2010年公司公布了第三季度每股收益0.88元，超过2009年全年收益以后，依然维持着20余倍的市盈率。总之，伟星股份的高成长书写了传统制造业的传奇。

伟星股份经历过行业的充分竞争，最终幸存下来，因此具备特别顽强的生命力，同时又由于市场占有率的不断扩大具备了一定的垄断性。这样的“沙漠之花”也符合巴菲特的核心竞争力和成长性原理。因此，从长期视野来看，其投资收益并不会比那些热门行业的热门公司逊色多少。

投资需要理性，尤其是在牛市。真正成功的投资者都有自己独立的投资标准，并且一直坚持下去，不被热点所迷惑。林奇就是这样的投资者，林奇投资的班达格公司是经典案例。班达格公司从事旧轮胎翻新业务，而且公司的地址非常偏僻，因此华尔街的股票分析师基本都不去调研这家公司，在林奇投资班达格之前的15年里只有三名分析师追踪过这家公司。

班达格公司有着朴实的管理风格，注重成本的节约，在其他人忽略的行业中找到了独有的利基市场，形成了独占的竞争优势。当时美国每个月卡车和客车轮胎翻新的需求约为一百万个，其中班达格的市场份额超过了40%。

自1975年以来，班达格公司的股价持续提高，利润每年增长17%。1987年股市大崩盘和海湾战争期间，收益持续增长的班达格公司的股价经历了两次暴跌，林奇抓住了华尔街的过度反应创造了逢低买入的好机会。在两次暴跌之后，班达格公司的股价不但恢复原来水平，紧接着又持续上涨，涨幅巨大。

林奇的沙漠之花观点针对我国股市具有非常重大的借鉴意义。当前市场，一旦哪个行业新兴火热，就被冠上新经济的美名，声称市场容量达到千亿或者万亿，无论是投资方还是投资者或者是游资立刻蜂拥而上、热闹不已。更有非理性和无良知的舆论怀揣各自的目的，推波助澜。每一次还不到五年，就开始产能过剩。更有庄家在低位吸足筹码后，利用手中掌握的舆论和水军，拼命鼓噪概念题材，趁机大赚一把，其中更多的是牺牲者。

这类新兴火热行业的股票，最早介入的投资者会有丰厚的收获，但是在后面介入的投资者都充当了埋单的角色，几乎没有一个幸免。国内股市虽然已经有了泡沫，但是在中国经济既快又好的背景下，建立在成长性基础之上的价值投资，仍然有很大的待挖掘潜力。这既需要投资者勤于挖掘，更需要耐得住寂寞，坚持价值成长。依据林奇寻找“沙漠之花”的路线图，投资者都应当寻找自己的“沙漠之花”。

首先，寻找“沙漠之花”可以从行业入手。其所在行业并非热门，这样就排除了高科技、新能源、新材料、生物制药这样的热门行业。当然也不是很差的行业，比如，塑料业、纺织业等。

其次，寻找“沙漠之花”可以从细分市场入手。这种企业应该是细分市场的领军企业，占据一定的市场份额。

再次，“沙漠之花”类公司的财务一定非常健康。比如，公司长期以来净利润不断增长，净资产收益率不少于 5%、资产负债率在 50% 以下、现金流量充沛、毛利率高等。

最后，“沙漠之花”类公司的股票价格相对较低，没有被高估。如果被严重高估，公司就有可能被迫出售。

三、利空寻宝

2016 年 2 月 11 日，瑞典央行调降回购利率至 -0.5%。欧元兑瑞典克朗刷新了 5 个月的高位，美元兑瑞典克朗随即升至 8.46 高位。然而，让投资者担心的是瑞典央行已经拼尽全力，政策可能发挥不了什么作用，这样一来，不知道决策者面对未来动荡的市场会做出什么样的反应。负利率根本不能达到银行体系资金流入实体经济的目的，还会连带各国央行出台更多政策措施。实施了负利率的国家都没有出现经济增长和改善通货膨胀。

对于投资者来说，利空既是坏消息，又是好消息。这种市场心态则让风险情绪回升持续面临威胁。事实上，投资者也不必过多担心。如果一个股市平静如水又如何能在其中获利呢？如果股市一直上涨，从价值理论上来讲就无法很容易地买到被低估的股票。很多投资大师每逢遇到调整和股市大跌都会特别的亢奋，因为这时候他们就可以在横尸遍野中寻找自己的食物。林奇说过，要想做一个成功的投资者，就得有胆量为人所不能为，要善于从利空中寻宝。

利空寻宝的分析过程使用到了价值理念，投资者需要花费一段时间观察和研究上市公司。彼得•林奇的麦哲伦基金曾经买过 Pierl 公司，这家公司主要经营房屋装饰品销售。在 20 世纪 70 年代，Pierl 公司的股票是牛气冲天的超级大股，但到了 1987 年大崩盘的时候，股价从原来的 14 美元暴跌至 4 美元，后来股价又缓慢回到了 12 美元。海湾战争时期，该公司的股价又一次暴跌，跌至 3 美元。

林奇给予这只股票充分重视的时候，它的股价已经反弹到 10 美元，后又下跌到 7 美元。当时，市场对于房地产市场的悲观情绪反应过度，使得本来就处于低位的房地产指数进一步下跌。Pierl 公司因此不得不进入调整期。此时，林奇连续两次亲自到该公司调研。调研发现，该公司在极其恶劣的外部环境条件下依然保持盈利，而且每年增加 25 ～ 40 家分店。

在美国经济打击最严重的地区，单店收入是下降的，但是该公司就在全美其他地区实现了收入增长；虽然公司的存货不断增加，但是考虑到开分店，备货量是适当的。这些表面上看起来不利的现象通过研究分析证明了该公司的高成长性，而所有的一切就只等房地产行业的复苏。之后，美国市场环境开始复苏，这只股票果然牛气冲天。

从林奇的投资案例中我们可以发现，股市中大部分股票会随着经济周期的变化发生上涨或下跌，其中很多股票还会被退市。这些现象在我国股市中已经屡见不鲜。投资者想要通过价值分析达到低风险获利的目的，就必须学会过反经济周期的操作方式，在利空的环境下寻宝。而利空寻宝需要投资者认真研究上市公司。如果一家公司在经济环境恶劣的情况下还能够持续盈利，那么在经济复苏的周期中这只股票就会成为大牛股。

每当市场出现利空，投资者就会考虑这样一个问题：这是不是进场抄底的好机会？实际上在每一次市场利空时，都有很多投资者进场抄底。然而，有人因此赚了大钱，有人却是一次次的亏损甚至套牢。同样是抄底，为什么结果会如此大相径庭呢？其实，抄底能否成功，关键在于时机的选择。图 9-3 所示为三种极易导致抄底失败的情况：

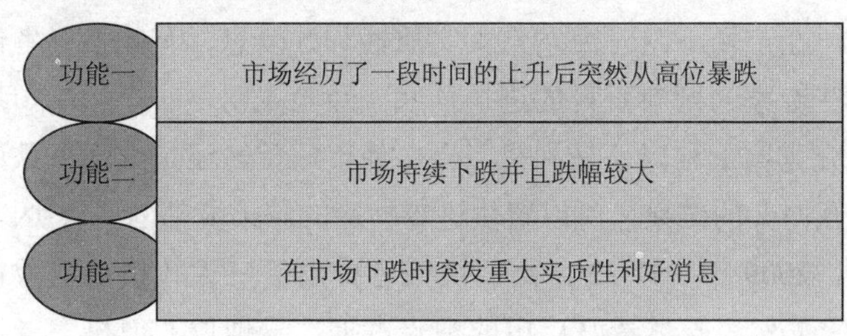

图 9-3　三种极易抄底失败的情况

1. 市场经历了一段时间的上升后突然从高位暴跌

市场经历了一段时间的上升后突然从高位暴跌常常是市场趋势即将逆转的征兆，但有三类投资者很可能在此时萌生进场抄底的冲动：一是前期因为过早卖出而丢失了大部分利润的踏空者；二是因担心再次发生大幅下跌而在市场回暖之初的割肉者；三是由于听说身边的同事、朋友都赚了钱也想炒股发财的迟到者。

这三类投资者因为进场时持有的动机通常不会产生止损的想法，所以经常面临的结果是经历整个熊市的考验。比如，2009 年 7 月 29 日，沪指暴跌 5%，有一些投资者在当天买入并持有至 2010 年 7 月 1 日，此时沪指累计跌幅达 27% 左右，投资者的结果可想而知。

2. 市场持续下跌并且跌幅较大

曾经成功逃顶并获取超额盈利的投资者，在看到股价已经低于上一次的买入价，并且又听到媒体上很多专家纷纷预测不可能跌破某支撑位时，便认为赚钱的机会来了，于是再度返身入场。

然而，底部到底有多深绝不取决于某些人的主观意愿，因此这样的抄底通常会抄在半路。如果投资者意识到自己判断错误后依然固执己见或者心存侥幸，通常会眼睁睁地看着股价越跌越低，亏损越来越多。比如，2009 年 8

月11日的市场在经历了四天大跌后收出了小阳线，如果投资者在这天进场并持有至2010年7月1日，比起沪指27%左右的跌幅，可能结果会更糟糕。

3. 在市场下跌时突发重大实质性利好消息

通常，在市场下跌时突发重大实质性利好消息，有些投资者便依据自身或者某些专家的判断盲目的进场抄底。经验表明，一个影响市场趋势的重大消息究竟属于利好还是利空，会促使市场反转还是继续下跌取决于多空双方相互博弈的结果，所以贸然进场抄底的结果大都凶多吉少。

比如，2009年9月22日高层决策者推出了三大政策用以救市，当天沪指暴涨7.77%，媒体看好后市的观点占据主导地位，但投资者若此时进场并持有至2009年10月28日，亏损会超过20%。

那么，进场抄底究竟应该把握什么时机才能确保成功呢？归纳起来，市场应该具备这样几项特征：市场遇利空不跌，甚至低开高走；市场整体成交量萎缩至地量水平；各个主要板块已经跌得面目全非，无一幸免；媒体上看空声音仍然不绝于耳。以上四项只要符合其中三项，就是进场抄底的好时机。成功抄底的关键在于时机的选择。

四、跟着嘴投资

在震荡的市场环境下，很多投资者将“吃喝玩乐”看作头等大事，但是具体吃什么喝什么却是一个值得考虑的问题。受益20世纪50年代和70年代两次婴儿潮，80年代的美国迎来了快餐业的蓬勃发展。在林奇研究的餐饮股中，有很多股票都可以与当时的“漂亮50”（Nifty Fifty，美国股票投资史上特定阶段的非正式术语，用来指20世纪60～70年代在纽约证券交易所交易的50只热门的大盘股）一争高下。

其中，林奇投资的Shoney的股票上涨了168倍；Bob Evans Farms的股票上涨了83倍；麦当劳的股票上涨了400倍。彼得•林奇非常幽默地说过：“如果你在上述的股票上投资1万美元，也就是把钱投到你的嘴巴所到之处，那么到了20世纪80年代末，你的身价就会超过200万美元。”这就是林奇的餐饮业投资法则——跟着嘴投资。

为什么投资餐饮业还要看消费者的嘴呢？餐饮业与零售业一样，消费者的嘴是消费终端，而消费者的口味和习惯一直在变化。如果一家餐饮企业能够树立消费者永久的口味和习惯，并且能够不断推陈出新，那么这家企业就能够保持高成长，就像麦当劳和肯德基。

如果一家餐饮企业无法满足消费者的口味、配合消费者的饮食，那么这家餐饮企业就不会得到更大的发展。美国快餐业之所以能够在 20 世纪 80 年代末到 90 年代发展迅猛，就是因为 70 年代婴儿潮出生的人群在当时成为市场主导，并逐步习惯开车驶向购买外卖的午餐店。消费者饮食习惯的改变使很多传统餐厅陷入了困境。

Chili’s 和 Fuddrucker’s 是两家在德克萨斯开始营业的汉堡包公司，都以美味的碎肉夹饼而闻名。然而，这两家公司的发展结果却迥然不同，其中一家获得了可观的财富，另外一家却没有。原因在于当汉堡已经不再流行的时候，Chili’s 开始推陈出新，而 Fuddrucker’s 却仍然坚持以汉堡为主要产品，并且快速扩张，最终陷入了困境。因此，迎合消费者的口味的变化是餐饮企业的制胜法宝。餐饮业变化的节奏必须跟上消费者，否则终将被市场淘汰。

美国餐饮业的发展路径也映射到了中国餐饮业。在经历了 20 世纪 70 ～ 80 年代生育高峰期后，中国餐饮业必将迎来迅速发展。因为那个时代出生的独生子女的饮食习惯已经与之前的人群有所不同，在这一时期只要有一家中国餐饮企业迎合了他们的口味和习惯，就很容易获得成功。在未来 10 年里，中国资本市场会出现更多的餐饮上市公司，投资者要擦亮双眼，抓住中国的“麦当劳”和“肯德基”。

同时借鉴林奇寻找“沙漠之花”的经验，在未来大盘蓝筹股波幅将减少的背景下，曾被冷遇的餐饮、零售、传媒、家电等消费终端将成为投资者在消费生活中熟悉的成长型企业，尤其是中小市值股票。

不仅林奇主张“跟着嘴投资”，巴菲特也将“嘴巴吃什么，钱就投什么”奉为投资策略。美国绿山咖啡的股价曾在 2001—2011 年的 10 年间实现了 7 434% 的涨幅。巴菲特曾在伯克希尔 - 哈撒韦股东大会上表示对中国的消费类公司特别看好。巴菲特在会上说：“我们倾向于一些出口优质产品的中国公司，特别是指消费产品。中国已经拥有一些巨型公司，这些公司的市值将超过部分美国公司。”

在巴菲特的投资中，对可口可乐公司的投资案例是最具传奇色彩的。1988年，巴菲特买入可口可乐股票5.93亿美元，在1989年时大幅增持近一倍，总投资增至10.24亿美元。在1997年年底，巴菲特持有的可口可乐股票市值上涨至133亿美元，10年的时间赚了10倍之多，仅仅一只股票就为巴菲特赚取了100亿美元。以复权价格计算，可口可乐在1997年年底收盘价为53.08美元，1987年年底收盘价为3.21美元，10年上涨15.53倍。

巴菲特以自己的标准挑选消费类个股，比如，核心竞争力、毛利率、成长前景、行业垄断地位等。具有行业优势的消费类企业，必须有良好的企业制度和高效的高管团队，但是衡量一家企业的制度和高管的素质以及盈利模式的优劣是对投资者的一种考验。投资者想要挑选到优质的消费类股票，不仅需要有扎实的研究功底，还需要有足够的耐心。

跟着嘴投资不仅是著名的投资大师的投资策略，而且很多投资者都会运用这种策略。2012年，《舌尖上的中国》纪录片大火，国内众多投资者都因此学会了跟着嘴投资。《舌尖上的中国》可谓是一部吃货片，这部纪录片的火爆让酒类、火腿、海鲜、肉类甚至餐饮饭店个股纷纷掀起了一股炒作热。微博上一张“吃在A股”的图片开始热传，这张图片列举了97家与《舌尖上的中国》相关的A股上市公司。

在《舌尖上的中国》第四集《时间的味道》播出之前，金字火腿还是一只普通的股票，但是在播出之后，该股竟然开始直线拉升，收盘前3分钟由13.88元冲到了15.29元的涨停价，收盘价为15.25元，上涨了9.08%。《舌尖上的中国》让金字火腿收益颇多，里面提到的火腿让上海私募找到了金字火腿。

在《时间的味道》中，主要提到了腌制食品，其中包括腊肉、金华火腿、咸鱼、辣白菜等。金字火腿是金华火腿的典型代表。金字火腿的交易信息显示，当日买入最大的五家席位分别是华泰证券上海武定路营业部、中信建投上海世纪大道营业部、广发证券重庆凤天大道营业部、国都证券北京阜外大街营业部、华泰证券北京农展南路营业部。分析师称：“这些游资很可能就是看中《舌尖上的中国》这个题材，从而携巨资杀入。”

因为《舌尖上的中国》而爆红的股票不仅仅是金字火腿一只。《舌尖上的中国》第三集《转化的灵感》详细介绍了绍兴黄酒的酿制过程，让一直默默无闻的绍兴黄酒知名度大幅提升。而古越龙山是绍兴黄酒的典型代表，这就导致大量资金抢进古越龙山。浙股古越龙山一度连涨6个交易日，曾经冲高到16.69元，创下了2011年以来的新高，换手率也达到11.43%，为1998年以来的新高。旗下有拟上市公司会稽山的轻纺城，当时的走势也很强劲。

《舌尖上的中国》第七集《我们的田野》中，详细介绍了青藏高原的特有植物青稞，青青稞酒单日以33.44元的收盘价创出了历史新高，相比2010年11月22日上市首日收盘价20.3元，上涨了64.72%。与传统美食有关的上市公司，2011年普遍表现不错。统计显示，申万食品行业中，共有20家加工食品、软饮料上市公司；此外，申万餐饮板块中还有3家上市餐饮企业，分别是湘鄂情、全聚德和西安饮食，共计23家食品上市公司。

2012年以来，截到5月底，22只食品个股平均涨幅为19.8%，远超同期大盘涨幅7.46%。另外，与喝有关的金种子酒、沱牌舍得、酒鬼酒、水井坊、金枫酒业等股价创出历史新高。只有水产养殖和肉类公司表现相对低迷，獐子岛、好当家、山下湖、新五丰等股价延续调整走势。

2015年年底，食品饮料行业基本面回暖、险资举牌，加上春节传统消费旺季销量提升，预示着相关食品饮料股在未来可能出现一波不错的上涨行情。而对于投资者来说，又该如何布局这场新年的消费盛宴呢？投资者应当从三条主线把握食品饮料板块的投资机会，如图9-4所示。

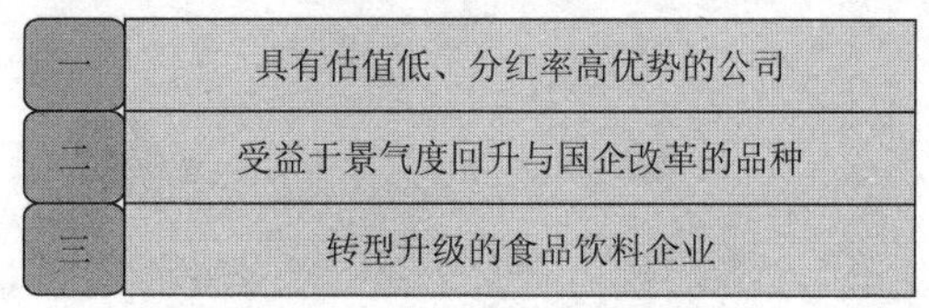

图9-4 食品饮料板块的投资机会

1. 具有估值低、分红率高优势的公司

估值低、具有高分红率优势的公司基本面稳定，未来有可能被险资重点增持。2016年年初，承德露露被阳光保险举牌，就是因为具有估值低、

分红率高的优势。而在食品饮料股中，泸州老窖、伊利股份、双汇发展、洽洽食品等都具有这种优势。

2．受益于景气度回升与国企改革的品种

有一些公司受益于景气度回升与国企改革双轮驱动，是非常好的投资机会。2016 年有可能是国企改革实质推进的大年。在白酒国企改革领域，除了方案已定的五粮液和沱牌舍得，泸州老窖、顺鑫农业、山西汾酒等公司都有较强烈的国企改革预期。另外，中炬高新、上海梅林、恒顺醋业、燕京啤酒、涪陵榨菜等公司是值得关注的投资对象。

3．转型升级的食品饮料企业

有一些食品饮料企业积极寻求产业转型升级，探索经营新模式，未来的发展潜力很大。汤臣倍健、顺鑫农业、金字火腿等都是典型代表。

2016 年新年市场的大跌使得很多个股都跌出了价值空间，为投资者带来了抄底机会。与此同时，食品饮料行业的收益相对突出。在市场风格转换、行业旺季来临等催化剂下，投资者应当重点关注食品饮料公司，把握确定性的收益。由于市场意外大跌，板块多数个股均有机会，从收益空间和确定性来把握，五粮液、泸州老窖、安琪酵母、洽洽食品等都是非常好的投资对象。